O GRAFITE E A PSIQUE DE SÃO PAULO

Blucher

O GRAFITE E A PSIQUE DE SÃO PAULO

Metáforas da cidade

Organizadora e autora

Liliana Liviano Wahba

Colaboradores

Ana Carolina Prada

Camila Parducci Arruda

Vicente Lourenço de Góes

O grafite e a psique de São Paulo: metáforas da cidade
© 2019 Liliana Liviano Wahba (organizadora)
Editora Edgard Blücher Ltda.

Imagem da capa: grafite de Binho Ribeiro, São Paulo, 2009.

Blucher

Rua Pedroso Alvarenga, 1245, 4º andar
04531-934 – São Paulo – SP – Brasil
Tel.: 55 11 3078-5366
contato@blucher.com.br
www.blucher.com.br

Segundo o Novo Acordo Ortográfico, conforme
5. ed. do *Vocabulário Ortográfico da Língua
Portuguesa*, Academia Brasileira de Letras,
março de 2009.

Dados Internacionais de Catalogação
na Publicação (CIP)
Angélica Ilacqua CRB-8/7057

Wahba, Liliana Liviano
    O grafite e a psique de São Paulo : metáforas
da cidade / organizadora e autora : Liliana Liviano
Wahba ; colaboradores: Ana Carolina Prada, Camila
Parducci Arruda, Vicente Lourenço de Góes – São
Paulo : Blucher, 2019.
    112 p. : il.

    Bibliografia
    ISBN 978-85-212-1473-1 (impresso)
    ISBN 978-85-212-1474-8 (e-book)

    1. Grafito – São Paulo (SP) 2. Arte de rua –
Aspectos culturais 3. Grafito – Aspectos culturais
4. Grafito – Aspectos psicológicos I. Título. II.
Prada, Ana Carolina. III. Arruda, Camila Parducci.
IV. Góes, Vicente Lourenço de.

19-0653   CDD 306.47

Índice para catálogo sistemático:
    1. Arte de rua – Aspectos culturais

Agradecemos a Rui Amaral, Boleta, Sinhá, Pato e Tinho Nomura, Binho Ribeiro, Whip, Finok, Jana Joana e Vitché pela generosa colaboração e pela presença artística em nosso cotidiano.

Agradecemos a Denise Gimenez Ramos pela inspiração, pelo incentivo e pela companhia de andanças pela cidade com sua máquina fotográfica.

Conteúdo

Prefácio

São Paulo pulsa, respira, sofre, geme, grita. A cidade tem uma psique que se manifesta no espaço urbano pelo grafite, expressão simbólica da subjetividade da cultura.

Este é o ponto de partida dos autores que, através de perambulações pelas ruas, nos apresentam mais uma face desta imensa pólis.

No coração da cidade mais populosa do Brasil, com seus mais de doze milhões de habitantes e que abriga os prédios mais altos do país; nas entranhas do lugar que é o principal portão de entrada do Brasil; no centro do conglomerado que forma o maior PIB do país, fazendo da capital paulista a décima mais rica do mundo, existe uma outra São Paulo.

> *A capital paulista é uma das cidades mais cruéis do mundo. Impessoal, imunda, caótica, feia, monstruosa. Têm culpa os paulistanos? Individualmente, não. Coletivamente, todos temos. O leviatã de Piratininga*

> *não nasceu gigante – ele é fruto de uma sequência de decisões ruins que remonta a 1554, quando os tupiniquins engoliram a conversa fiada dos jesuítas. (Marcos Nogueira, "Existe amor na comida de SP?",* Folha de S.Paulo, *19 de janeiro de 2019)*

É nessa paragem que habita uma tribo com costumes e modos muito próprios de ocupação do espaço: os grafiteiros, cujo trabalho, o grafite, não se deixa mais passar despercebido.

Considerado arte por alguns e denegrido por outros, o grafite não se deixou intimidar, e há grafiteiros que atingiram o *status* de artistas presentes em galerias nacionais e internacionais. É de se perguntar se a inserção no mercado não é uma deturpação da arte de rua, questão que inflama os próprios grafiteiros. Entretanto, fora da zona de prestígio ou reconhecidos, eles continuam a ocupar o espaço público: interferindo na paisagem urbana, dão seu recado de desamparo, abandono, desvalia, descuido, afeto, amor. É nesse lugar em que pulsa o movimento emergente da cultura, abafado pelos altos edifícios de vidro, pelo trânsito caótico, pelo maior PIB do Brasil.

Diferentemente da pichação, considerada vandalismo, o grafite se manifesta por meio de desenhos elaborados, que gritam para serem ouvidos. As cores berrantes ou cruas em tinta negra emitem mensagens, compreendidas ou não, sempre exuberantes e pungentes.

O gesto largo do braço que empunha uma lata de *spray*, em vez do pincel do pintor, já diz da ousadia da apropriação do espaço urbano, da vitalidade da ocupação, sem planejamento estruturado. As amplas fachadas de edifícios, muros altos, pilares de sustentação de elevados, túneis, todos eles lugares propícios para atrair o olhar dos transeuntes.

Eu sou eu e minha circunstância, e se não salvo a ela,
não me salvo a mim. (José Ortega y Gasset)

Nós viventes somos seres constituídos por múltiplos fatores: biológicos, emocionais, sociais, culturais, psicológicos, na eterna tensão entre natureza e cultura. O espaço urbano, além dos fatores citados, constitui a subjetividade de seus habitantes, que, por sua vez, interferem nesse mesmo espaço: um movimento dinâmico e constante entre os habitantes e o espaço que habitam, produzindo um lugar onde são projetadas e vividas todas as vicissitudes de tal situação. Os autores da pesquisa chamam essa vinculação entre o espaço urbano e seus habitantes de espaço psíquico da cidade ou psique da cidade, sendo o grafite o produto simbólico desse laço.

Inevitavelmente, a obra *As cidades invisíveis*, de Italo Calvino, vem à mente: Marco Polo descreve para o imperador Kublai Khan as cidades que visitou. Seus domínios, tão imensos, jamais poderiam ser visitados pelo monarca. O viajante descreve, então, cidades imaginárias que sempre levam o nome de mulheres: Leônia, Cecília, Pentesileia. Nossos autores viajantes flanaram por São Paulo e nos descreveram um lugar revestido de afeto, dor e inspirações. À semelhança de qual cidade Kublai Khan imaginaria São Paulo?

A Cloé?

Cidade grande, onde as pessoas que passam pelas ruas
não se reconhecem. Quando se veem, imaginam mil
coisas a respeito umas das outras, os encontros que po-
deriam ocorrer entre elas, as conversas, as surpresas, as
mordidas. Mas ninguém se cumprimenta, os olhares se
cruzam por um minuto e depois se desviam, procuram
outros olhares, não se fixam. Se os homens e as mulhe-

res começassem a viver seus sonhos efêmeros, todos os fantasmas se tornariam reais e começaria uma história de perseguições, de ficções, de desentendimentos, de choques, de opressões, e o carrossel das fantasias teria fim.

A Olívia?

Cidade rica de mercadorias e de lucros, o único modo de representar a sua prosperidade é falar dos palácios de filigranas com almofadas franjadas nos parapeitos; uma girândola d'água num pátio protegido por uma grade rega o gramado em que um pavão branco abre a cauda em leque. Mas a partir deste discurso, é fácil compreender que Olívia é envolta por uma nuvem de fuligem e gordura que gruda na parede das casas; que na aglomeração das ruas, os guinchos manobram comprimindo os pedestres contra os muros.

Antes que Kublai Khan ficasse desalentado, Marco Polo lhe disse:

O inferno dos vivos não é algo que será; se existe, é aquele que já está aqui, o inferno no qual vivemos todos os dias, que formamos estando juntos. Existem duas maneiras de não sofrer. A primeira é fácil para a maioria das pessoas: aceitar o inferno e tornar-se parte deste até o ponto de deixar de percebê-lo. A segunda é arriscada e exige atenção e aprendizagem contínuas: tentar saber reconhecer quem e o quê, no meio do inferno, não é inferno, e preservá-lo, e abrir espaço.

Será que Marco Polo estaria falando da tribo dos grafiteiros?
Será que Marco Polo estaria falando de nossos autores *flaneurs*?

Sylvia Loeb

Psicanalista e membro do Instituto Sedes Sapientiae

1. Introdução

A expressão do grafite[1] no espaço urbano tem crescido consideravelmente, já fazendo parte do imaginário coletivo. Muros silenciosos ganham voz e vivacidade e chamam a atenção para temas socioculturais e históricos que retratam vivências públicas e privadas. A essência humana universal e seus embates fundamentais se prenunciam e adquirem formas que o artista desperta com sua técnica, inspiração e habilidade. O grafite pode ser considerado, portanto, um emergente da situação subjetiva da cultura, mais especificamente, da cultura contemporânea urbana. Tal fato permite uma análise simbólica da problemática e dos anseios de uma época. Essa expansão do grafite sinaliza, então, a apropriação do espaço urbano e a vitalidade da ocupação da cidade, que transcende sua estrutura e planejamento. Revela, ainda, uma linguagem particular que, de certa forma, responde a nossas inquietações.

---

1 A palavra "grafite" é um neologismo brasileiro criado a partir da palavra italiana *graffito*, que se refere à técnica de rabiscar; seu plural, *graffiti*, designa os rabiscos antigos feitos em muros de monumentos, como os *graffiti* do Coliseu ou da Torre de Pisa. Aqui, optamos pela palavra aportuguesada.

Nascido da deterioração, considerado usurpador e, ao mesmo tempo, enriquecedor e artístico, o grafite, sem dúvida, foi apropriado pelo espaço urbano. A cidade oferece sua pele marcada por cicatrizes e feridas, que são cobertas por padrões e formas multicoloridas que compõem o grafite, que pode ser enigmático ou revelar espontaneamente à consciência um sentido temático, uma composição particular. Tece, ainda, uma rede de associações peculiar aos complexos grupais, aos núcleos psíquicos de subjetividade dolorosa ou impactante. O grafite atrai nossa atenção quando buscamos entender a linguagem da psique pulsante da megalópole.

Como imagem de abertura desta obra, a Figura 1 é uma representação da energia dinâmica e exuberante, um tanto apreensiva, que se movimenta.[2] Trata-se de um inseto ou um dragão mítico, vibrante e antropomorfizado, que nos lança um olhar penetrante e atento e nos mostra uma voracidade inconsequente, mas também lúdica, assim como a cidade de São Paulo.

Figura 1 – Grafite de Boleta, São Paulo, 2009.

---

2   Todas as imagens deste livro têm sua publicação autorizada pelos artistas.

O grafite como uma forma de arte confirmou sua presença e importância na vida urbana contemporânea. Impregna um modo de viver e de ver a cidade. Um exemplo é um grafite recorrente do artista Mauro, que expõe o termo "veracidade". O grafite revela desejos e conflitos, bem como as tentativas de circunscrevê-los pela via do imaginário. É possível percorrer, em perambulação entre formas e cores, os elementos metafóricos e simbólicos que retratam a vida urbana. Trata-se, em suma, de um convite à imaginação e ao olhar indagador, um convite à imersão no cotidiano da cidade expresso em imagens pintadas em seus muros. Tais imagens constituem uma linguagem particular, um misto de devaneio e de percepção da realidade.

Este livro é resultado de um trabalho realizado em 2010 por três pesquisadores que, à época, eram alunos do curso de graduação em Psicologia da Pontifícia Universidade Católica de São Paulo (PUC-SP). Ana Carolina Prada, Camila Parducci Arruda e Vicente Lourenço de Góes realizaram a pesquisa sob orientação da professora-doutora Liliana Liviano Wahba. O objetivo era fazer uma leitura simbólica do fenômeno artístico do grafite na cidade de São Paulo[3] e entrevistar alguns artistas e transeuntes.

O inventário fotográfico feito pelos pesquisadores reuniu, aproximadamente, quinhentas imagens de grafites espalhados por seis regiões da cidade de São Paulo: centro, Avenida Paulista e túnel, pilares do elevado Costa e Silva (Minhocão), Liberdade, Vila Madalena e Cambuci. Nessas regiões também foram entrevistados 101 pedestres. De maneira geral, a aceitação do grafite por parte dessas pessoas mostrou-se bastante significativa, pois 74% dos entrevistados responderam que esse tipo de manifestação melhora a

---

3 A pesquisa original, intitulada *O grafite e os símbolos culturais na cidade de São Paulo*, encontra-se no acervo da Pontifícia Universidade Católica de São Paulo (PUC-SP).

cidade e a embeleza e que é melhor em comparação com a pichação ou um muro sujo. Disseram, ainda, considerar o grafite uma
forma de expressão e de arte. Os entrevistados opinaram que os
desenhos transmitem uma mensagem em que se inclui o papel político e questionador do grafite. Foi destacado ainda o fato de o
grafite trazer a arte para a rua, democratizando o acesso a ela.

Os capítulos deste livro versam sobre o sentido da arte para a
cultura, a cidade e os complexos urbanos. Também abordam o ato
de grafitar e as metáforas do grafite.

2. Arte e cultura

Precisar o que a arte representa para a cultura é uma tarefa de enorme envergadura e de ampla discussão. Neste capítulo, apresenta-se uma introdução ao tema. Propõe-se um enquadre que demonstre o papel fundamental da arte permeando um modo de ser e de perceber, ainda que essa função não seja usualmente colocada em evidência.

Pode-se dizer que a arte, em suas diversas e variadas expressões, nos acompanha e influencia, consciente ou subliminarmente. Constitui uma linguagem na qual estamos imersos. Coli (2006) entende que, ao se buscar uma concepção sobre a natureza da arte ou o que possa defini-la, é comum recorrer a uma consagrada obra como exemplo sem que se estruture uma definição.

No senso comum, entende-se que as manifestações artísticas suscitam um sentimento de admiração em quem as observa. Entretanto, há objetos considerados arte – por exemplo, o mictório, de Marcel Duchamp –, que, quando olhado pela maioria das pessoas, não é compreendido como tal. Perante a dificuldade de se estabelecer uma definição de arte segundo sua natureza, surge a opção de procurar fora do objeto artístico o que o define como arte.

Na cultura encontram-se instrumentos específicos que conferem o estatuto de arte a um objeto: o discurso de profissionais específicos, os espaços que acolhem os objetos e os enobrecem, as instituições legais que protegem as construções consideradas artísticas. Estes são três instrumentos capazes de categorizar ou não um objeto como arte.

Percebe-se que a noção de arte não é construída por abstrações conceituais, mas por meio das atribuições feitas pelos instrumentos que são indissociáveis da cultura que os construiu. Coli (2006) ainda esclarece que, se a cultura é tão importante para determinar o que é arte, um objeto classificado como artístico atualmente pode não ter sido visto dessa forma em épocas precedentes, tampouco ser nas futuras. Ainda, o que determina se gostamos ou não de uma manifestação artística não é uma sensibilidade inata, mas uma reação de um complexo de elementos culturais internos face ao complexo cultural externo representado pela obra de arte. O objeto artístico, apesar de estar ligado de forma significativa à cultura que o classifica como arte, não é um absoluto cultural, pois continua a existir em outras épocas. Esse objeto tampouco é um absoluto material, já que é um tanto alterado nas gerações seguintes por técnicas de conservação e restauração desenvolvidas para obter, na medida do possível, alguma perenidade da obra.

Por muito tempo, o modelo de arte ocidental foi o da Antiguidade clássica, que vinculava a essência artística à antiguidade do objeto. Apenas no final do século XVIII a concepção de arte se ampliou para outras culturas e épocas. Considerando que a definição do que é arte seja dada pela cultura, pode-se supor que a ampliação do campo artístico possivelmente foi o reflexo de uma ampliação cultural.

Para demonstrar os âmbitos artístico e cultural, Santaella (1990) apresenta uma concepção materialista em que a cultura é produzida em uma relação dialética entre a infra e a superestrutura da sociedade, ou seja, não se faz sozinha, mas está conectada aos modos de produção de base do sistema capitalista. Segundo a autora, três dimensões compõem o social: a política, a econômica e a cultural – e é dentro desta que se encontra a esfera da arte. Apesar de essas dimensões se articularem e manterem certa dependência entre si, a dimensão cultural tem relativa autonomia em relação às demais por depender da experiência singular do artista, ainda que entendida em sua inserção social. Para Santaella, há dois tipos de obras de arte: as que transmitem a reprodução ideológica das leis de produção social das classes dominantes e as que abrem caminho de subversão em relação à ideologia de produção tida como dominante. Entretanto, o produto artístico não é elitista em si; o modo como é usado o transforma em um disseminador dos valores das classes dominantes. A obra de arte, por natureza, aporta uma condensação de forças e tensões ideológicas contraditórias, já que seu vasto campo de significações ultrapassa ideologias subjacentes.

Jung (2007a), em vez de frisar o conteúdo sociológico, considera a criação provinda do inconsciente. Esse autor escolhe como objeto de estudo a criação artística, da qual decorre a obra de arte, e não a essência da arte em si. O processo criativo é, para Jung, um complexo, ou seja, é oriundo de uma instância inconsciente com relativa autonomia em relação à consciência, podendo perturbar e influenciar o comportamento do indivíduo sem que tenha pleno controle. O inconsciente é postulado como a fonte primordial de motivações e de possibilidades de criatividade, a qual seria inata, arquetípica, ou seja, existente em todos os seres humanos. Com respeito à atividade artística, essa criatividade natural é acrescida de talento, capacidade e técnica para produzir algo, isto é, a obra. Nas palavras de Jung: "O anseio criativo vive e cresce dentro do homem como uma árvore no solo do qual extrai seu alimento. Por conseguinte, faríamos bem em considerar o processo criativo como uma essência viva implantada na alma do homem" (2007a, p. 115).

Importa esclarecer brevemente alguns pressupostos teóricos desse pensador para compreender a função que atribui à obra de arte. O inconsciente, que nada mais é do que o desconhecido em nós, apresenta-se em duas dimensões distintas: a mais superficial, em relação à consciência, denominada pessoal, e a mais profunda, coletiva ou impessoal e universal.

Jung (1978a, 2007a) ainda discorre sobre o inconsciente pessoal do artista, mas enfatiza que se deve destacar sua função social e cultural, compreendida a partir da dimensão coletiva. Tal dimensão consiste em certas condições inconscientes coletivas com função de regulação e estímulo da atividade de fantasia. O conceito de arquétipo aplicado à psicologia é uma das descobertas do autor, entendendo por esse conceito abstrato que fatores formais organizam processos psíquicos (Jung, 1978b). Isso significa que a estrutura psíquica tem um substrato impessoal, coletivo, universal; a expressão acrescida de imagem e conteúdo é circunstancial, social e pessoal, mas embasada nessa estrutura fundamental. Para esse autor, o segredo da comoção causada por uma obra de arte consiste em tornar presente e atual uma imagem de fundo arquetípico, originando-se da possibilidade humana de representar imagens semelhantes que se condensam a partir do processo criativo do artista. Pode-se, por meio da obra que traz à tona tais imagens, encontrar o acesso às fontes mais profundas da vida.

A obra de arte emerge, em última instância, de fontes universais moduladas pelo inconsciente pessoal do artista e pelo contexto do espírito sociocultural vigente. O artista, ainda que imerso nos padrões culturais, também os contesta, auxiliando a reparar certas unilateralidades provindas da exclusão daquilo que difere do contexto dominante; cada época e cada sociedade endossam atitudes e tendências peculiares e a elas se atrelam. A intuição e a habilidade do artista, geralmente um indivíduo pouco conformista em busca de renovações, possibilitam a emergência do inconsciente de uma forma arquetípica mais adequada para compensar a carência e a unilateralidade da época em que vive. Assim, a arte funciona como um mecanismo de autorregulação para épocas e nações, como se dá no indivíduo a função simbólica em que se relacionam a consciência e o inconsciente.

Desse modo, seria como que uma propulsão para dirigir a atenção a novos estímulos que extrapolam os usuais e/ou denotam uma dor latente ou estranheza. São exemplos *Guernica*, pintura de Pablo Picasso (1881-1973) que retrata o horror e o trauma da guerra civil espanhola, e os relógios surrealistas de Salvador Dalí (1904-1989), que simbolizam as mudanças na sensação de uso do tempo na modernidade.

Neumann (1959), autor que deu continuidade aos estudos de Jung, pergunta o que a arte significa para a humanidade e para o desenvolvimento humano. Sobre o impulso criativo, assim como Jung, ele o compara a um impulso instintivo. Vê na arte a força transformadora que, em nossa época, veio preencher o espaço dos rituais enquanto fenômeno atuante no coletivo. O princípio criativo é restaurador, pois no processo de transformação criativa há novas constelações do inconsciente e da consciência que interagem com produções em fases transformadoras. Com respeito ao papel do artista, Neumann o compara a um curador ferido que, em razão de sua grande sensibilidade, é profundamente movido por seus complexos pessoais e por aqueles que atingem a sociedade em particular e a humanidade em geral. Trata-se, então, de um aspecto da arte que se relaciona ao tempo em que emerge e outro que é atemporal. Assim como Jung, o autor afirma que o homem criativo vincula o arquetípico transpessoal com o individual e efêmero e, ao atribuir novas formas a essa expressão universal, transforma sua época e a si mesmo.

Vigotski (2001) criticava a afirmação da psicanálise freudiana de que a criação seria derivada da satisfação de desejos e um meio de afastar o conflito com o inconsciente por duas razões básicas: a desconsideração pela forma e pela estética e a redução do papel social da arte. Os motivadores da vida humana também não poderiam ser apenas reduzidos a conflitos primários e esquemáticos. Ele publicou *Psicologia da arte* em 1926; Jung debruçou-se sobre tema semelhante em textos publicados entre 1922 e 1930, em *O espírito do homem, na arte e na literatura*. Ambos os pensadores concordam com o papel fundamental da arte para a cultura e o desenvolvimento humano.

Segundo Jung (2007b), há um fator numinoso na arte que provoca "estremecimento" quando a obra nos toca com seu vigor e deslumbramento, pois o artista traduz o atemporal para a imagem do presente, permitindo-nos adentrar nas profundas fontes da vida, ativando revelações antes desconhecidas. Para Vigotski, "revelando e explodindo para a vida potencialidades imensas" (2001, p. 319).

Autores contemporâneos apoiados na teoria junguiana, como Wahba (2008) e Zoja (2005), oferecem leituras atuais dessa relação entre arte e cultura. Eles consideram a obra como uma combinação entre a psique/totalidade do artista e as concepções da sociedade que o cerca. Wahba (2008) esclarece que a criação artística é uma manifestação do espírito, gerada pela cultura, em consonância com raízes arquetípicas que extrapolam a temporalidade, ou seja, um processo que reflete a totalidade do indivíduo: características próprias (tanto conscientes como inconscientes) do momento histórico em que está inserido e de toda a humanidade que o antecedeu. Isso significa que a obra de arte não é uma produção exclusiva do artista, um reflexo de suas propriedades mais peculiares; ela recebe grande influência do ambiente que a circunda e da condição universal do ser humano.

Podemos entender que essa possibilidade de elaborar a problemática de uma época, além da função estética tão importante para o ser humano, torna a arte fundamental para a continuidade de nossa espécie. A teoria analítica tem trabalhado essa problemática com os aspectos mais inconscientes, não nomeados; trata-se de um aglomerado de sentidos silenciados e compartilhados por um povo ou uma sociedade que não são restritos a um único indivíduo.

A noção de complexos culturais foi desenvolvida por autores como Singer e Kimbles (2004), que entenderam que são frequentemente construídos a partir de centenas de anos de repetição de experiência traumática e que estruturam a experiência emocional, posto que se enraízam no inconsciente cultural do grupo. Partindo dessa concepção, a obra de arte sinalizaria aquilo menos conhecido e, principalmente, negado, possibilitando a espectadores um meio de trazer à consciência o que está submerso grupalmente. Isso significa que promove um processo de conscientização daquilo que ficou excluído, segregado, mas que faz parte da história daquele grupo. Como no processo de individuação, em que a pessoa se desenvolve em busca de maior equilíbrio, integrando as dimensões excluídas de sua psique, na sociedade também é preciso integrar os conteúdos traumáticos e difíceis de serem assimilados, pois tais conteúdos estão imbricados nela. Entre inúmeros exemplos, temos, em nosso meio, a marca da escravidão, ou, na sociedade estadunidense, os resquícios da guerra civil. Para Wahba:

> *Conscientizar a segregação e o preconceito e procurar*
> *os meios de trazer à luz a sombra da agressão e da re-*

clusão, da vergonha e da humilhação são um impera-
tivo para toda sociedade que tenha como objetivo res-
peitar a cidadania de seus integrantes e promover sua
saúde psíquica. (2008, p. 75)

Zoja (2005) refere-se à interdependência entre indivíduo, cultura e história. O indivíduo não só é fruto da história e da cultura como está em relação constante com elas e as transforma com sua presença. O desenvolvimento do potencial individual é imbricado ao social, e essa confluência ocorre em constante tensão e busca de equilíbrio. O autor considera que há de ocorrer um movimento na sociedade atual, que se tornou unilateral, formadora de indivíduos extremamente especialistas em suas áreas de conhecimento, atentos às partes e não ao todo. A expressão artística estaria na contramão do utilitarismo sectarista, aportando vislumbres de totalidades. Ainda segundo Zoja:

A única solução que oferece esperança parece-me uma
volta ao humanismo junguiano: a um pensamento
complexo, em que o homem não pode ser separado da
complexidade cultural em que vive. [...] Esse pensa-
mento mantém em equilíbrio os opostos, porque estuda
e respeita a psique coletiva e individual. (2005, p. 30)

A dinâmica psíquica, de acordo com a teoria analítica, decorre da tensão entre os opostos em um processo dialético, em que da tese e da antítese surge a síntese, que não é a soma das duas, mas um terceiro elemento que contém os outros e também o novo que aponta para o porvir. É possível fazer um paralelo em relação ao processo de criação artística, que demanda do artista sustentação de conflitos e oposições diversas nos planos mais variados.

As obras de arte emergem como síntese promissora e reveladora. Um dos aspectos de opostos referidos vincula-se às noções de individualidade *versus* coletividade, que substanciam permanente confronto. Manter-se nos extremos resulta em indivíduos narcísicos de um lado e massificados de outro.

Postas essas considerações sobre a arte e a cultura de modo mais geral, procuramos entendê-las na atualidade, ou seja, estudamos a interdependência entre ambas na contemporaneidade, no que se denominou de pós-modernismo no âmbito artístico e pós-modernidade no âmbito cultural.

Featherstone (1995) acompanha o que chama estetização da vida cotidiana, para a qual aponta três momentos: (1) a década de 1920, com as subculturas artísticas que produziram os movimentos dadaísta e surrealista e a vanguarda histórica em que se apoia a arte pós-moderna da década de 1960, que desafia a obra de arte e sua aura e supõe que pode estar em qualquer lugar ou em qualquer coisa; (2) o final do século XIX e a virada para o XX, quando a transformação da vida em obra de arte já estava presente e pode ser relembrada por meio da figura do dândi; (3) o fluxo veloz de signos e imagens que saturam a vida cotidiana na sociedade contemporânea, constituindo a sociedade de consumo não apenas como divulgadora de um materialismo dominante como também de imagens-sonhos que estetizam e fantasiam a realidade.

De acordo com Connor (2000), o conceito de pós-modernismo, apesar de ter sido usado antes, só se cristalizou em meados da década de 1970, quando se afirmou entre algumas disciplinas acadêmicas e áreas culturais. As várias definições de pós-modernidade costumam trazer como elemento comum justamente o apagamento das fronteiras entre a arte e a vida cotidiana. O prefixo "pós", em pós-modernismo, carrega uma dualidade: de um lado, a ideia de dependência, de um prolongamento de alguma realização cultural desaparecida; de outro, uma ideia mais afirmativa, em que o "pós" significa a liberdade e a autoafirmação em relação ao passado. Segundo esse autor, o pós-modernismo tem uma estrutura autorreflexiva, na qual os domínios crítico e cultural tornaram-se combinados e inter-relacionados. Trata-se de uma autoconsciência que invade a experiência; por isso, o pós-modernismo não encontra seu objeto por inteiro nem na esfera cultural nem na esfera crítico-institucional, mas em um espaço renegociado entre ambas.

Não se trata de uma revolução da cultura, mas de um importante reajuste das relações de poder no âmbito das instituições culturais e acadêmicas, produzindo um novo contexto em que o cultural, o social e o econômico não são mais facilmente distinguíveis uns dos outros.

De acordo com Connor:

> *Os últimos anos viram uma explosão de interesse por toda uma gama de textos e práticas culturais antes desdenhados pela crítica acadêmica ou invisíveis a ela. [...] De certo modo, isso constitui em si um fenômeno pós-moderno, por ser a marca do nivelamento de hierarquias e do apagamento de fronteiras. (2000, p. 149)*

O grafite pode ser visto como uma dessas práticas culturais antes desdenhadas e de produção das imagens-sonhos anteriormente mencionadas. Ainda se trata de uma prática avaliada de duas maneiras contraditórias: de um lado, credita-lhe valor de manifestação artística, de uma expressão de artistas que ocupam o espaço público com seus desenhos para veicular uma mensagem – há artistas de renome no meio que confirmam tal manifestação; de outro, pode-se considerar a grafitagem como um ato de vandalismo que destrói e suja a cidade, ainda que essa concepção se atribua mais à pichação. O grafite é um fenômeno que carrega uma história importante e que vem ganhando expressividade e espaço cada vez maior nos museus e nas ruas, por meio de parcerias entre artistas e governos e entre artistas e empresas. É também bastante utilizado em projetos sociais, como maneira de reinserção de jovens no mercado de trabalho, e até mesmo como auxiliar terapêutico.

Retomando a ideia de Jung de que a arte engloba a problemática de uma época e as imagens arquetípicas adequadas para sua elaboração, seria possível pensar que há nesse crescimento do grafite – tanto em quantidade de manifestação como em espaço conquistado – alguma mensagem para a sociedade atual.

Apresentam-se, a seguir, alguns projetos de cunho social vinculados ao grafite.

Projetos sociais e culturais

Há um número significativo de projetos sociais e culturais que se apropriam do fenômeno do grafite e o utilizam de maneiras diversas. Destacamos aqui quatro: Ação Educativa, Aprendiz e Quixote, que são projetos apoiados em uma vertente socioeducativa e têm o objetivo de inserir socialmente as pessoas que deles se beneficiam, e Vegas, que funcionou de forma mais pontual e apresentou o grafite como arte para estetizar lugares deteriorados.

Ação Educativa

Com o objetivo de promover os direitos educativos e da juventude, tendo em vista a justiça social, a democracia participativa e o desenvolvimento sustentável no Brasil, a organização Ação

Educativa foi fundada em 1994. Ela atua em três grandes áreas: educação, juventude e espaço de cultura e mobilização social.

O programa Cultura articula um projeto chamado Arte na Casa, que proporciona oficinas culturais em dezenove unidades da Fundação Casa de São Paulo (SP), atendendo a 1 200 adolescentes que cumprem medida socioeducativa em regime de internação. Entre as oficinas oferecidas pelos arte-educadores está a de *hip-hop*, na qual está inserida o grafite. Fabrício Cruz, grafiteiro e educador do projeto, descreve as oficinas como auxílio para resgatar a autoestima dos jovens, pois eles passam a se ver como produtores e encontram uma nova possibilidade na rua em vez de permanecerem envolvidos com drogas e violência. Segundo Edílson Andreoli Mesquita, arte-educador, o grafite mobiliza o respeito e a aquisição de potência, pois ajuda a pessoa a entender que pode mudar seu ambiente e a forma de relacionar-se com o espaço. Nesse projeto, os alunos também têm a chance de expor sua arte e obter reconhecimento.

Cidade Escola Aprendiz

Uma organização não governamental, a Cidade Escola Aprendiz foi fundada por Gilberto Dimenstein. Um dos projetos desta ONG foi o 100 Muros, que reunia jovens de classes economicamente baixas para elaborar mosaicos pela cidade de São Paulo. Segundo Eymard Ribeiro, coordenador do projeto, que também trabalha com grafite, as atividades começaram em 1999.

Um dos alvos do projeto foi o cemitério da Rua Cardeal Arcoverde, que estava depredado e pichado. Dimenstein, então, teve a ideia de integrar os jovens pichadores ao projeto dos mosaicos. Os trabalhos acabaram cobrindo quase todo o muro do cemitério.

A iniciativa teve continuidade, quando a subprefeitura do bairro de Pinheiros cedeu à ONG os muros de um beco. A verba foi levantada, o material foi comprado e os convidados pintaram por cima das pichações já existentes, porém, encontraram resistência dos jovens que viram seus trabalhos destruídos. Eymard convidou esses jovens a participar das pinturas e iniciou as oficinas de grafite no beco, conhecido como Beco do Batman, na Vila Madalena. Convidou também grafiteiros já estabelecidos no cenário paulista e os reuniu aos meninos. O coordenador buscava contato entre os grafiteiros reconhecidos e os jovens, que vinham de várias áreas distintas da cidade para pintar ali. O acontecimento foi extremamente bem-sucedido, o que levou a coordenação do projeto a se apropriar do espaço e fazer dele uma escola.

Nos encontros os jovens participavam de discussões sobre arte, nas quais podiam ampliar seu repertório cultural e gráfico e conhecer outros artistas e movimentos. O beco estava se tornando uma galeria de arte, e Eymard vislumbrou a possibilidade de transformar os encontros em um projeto com duração de três anos, em que os jovens poderiam se apropriar das técnicas do grafite e, depois, ser encaminhados para o mercado de artes visuais. Foi o que aconteceu, por exemplo, com Zezão, *motoboy* de talento promissor que, após passar pela ONG, destacou-se entre os grafiteiros mais hábeis de São Paulo.

Depois de quatro anos, o diálogo com a gestão pública foi perdido e essa dificuldade de comunicação resultou na indisponibilidade de dinheiro para o projeto. Nesse período, o fenômeno do grafite já havia se alastrado o suficiente para que os projetos precisassem dividir as mesmas verbas antes disponíveis para poucos. A iniciativa privada tornou-se a patrocinadora mais ativa, mas em contrapartida exigia a manipulação do conteúdo dos grafites para fins publicitários, o que culminou na rejeição de contratos entre a iniciativa privada e a ONG.

O objetivo do projeto visava fortalecer a produção já existente, dando-lhe mais propriedade e ímpeto.

Projeto Quixote

Trata-se de uma Organização da Sociedade Civil de Interesse Público (OSCIP) sem fins lucrativos, ligada à Universidade Federal de São Paulo (Unifesp) e criada em 1996. Atende a crianças e jovens em situação de risco social e tenta criar caminhos possíveis por meio da arte para a transformação de suas realidades. Busca envolver a família e a comunidade das pessoas atendidas para que o trabalho seja feito de uma maneira mais ampla e contínua, sem focar somente no indivíduo no momento da intervenção.

Um projeto da organização é o Agência Quixote, que oferece serviços de grafite desde o ano 2000. Seus integrantes trabalham para divulgar essa arte que começou nas ruas e hoje vem marcada por uma expansão de seu conceito, sendo apreciada por distintos públicos. O objetivo do projeto é o desenvolvimento da cidadania de jovens em situação de risco por meio da educação para o trabalho, vinculado a atividades relacionadas ao grafite.

Segundo Roberto Madalena, coordenador do Programa para o Mundo do Trabalho, o grafite é apresentado com flexibilidade e alta qualidade para atender e satisfazer clientes de diversos tipos. O programa tem um grupo de grafiteiros profissionais experientes e aprendizes; com pessoas com estilos diferentes, o objetivo é divulgar a arte do grafite. Há ainda um curso de grafite para o público, ministrado por grafiteiros profissionais com aulas práticas e teóricas. O lucro obtido com a venda dos produtos e serviços é o que mantém a Agência Quixote, pois ela não possui fins lucrativos.

Vale ressaltar que a equipe produziu um livro sobre o mundo do grafite, intitulado *Por trás dos muros: horizontes sociais do graffiti*, com depoimentos de participantes do Projeto Quixote e fotos que mostram o trabalho realizado por eles. O livro é, hoje em dia, referência quando o assunto é grafite. A seguir, apresentamos um trecho:

> *O graffiti é um espaço de berro, de grito e afirmação. É um espaço de fala, mas não é bem um diálogo. Exatamente porque ainda não existe espaço para o diálogo. [...] Não incluem a maioria e suas demandas nas suas diversidades. Tem sempre uma tensão colocada, e quem fica de fora, excluído dessa ordem, está berrando. Tem várias formas de dar o berro, e uma delas é o graffiti [depoimento de Raquel]. (Bedoian; Menezes, 2008, p. 33)*

Projeto Vegas – Apoio Cultural

A antiga casa noturna Vegas, localizada na Rua Augusta, em São Paulo, criou, entre os anos de 2005 e 2012, um projeto com o objetivo de atenuar a poluição visual existente em seu entorno. Quando o estabelecimento começou a funcionar, a região era degradada e, com o sucesso do clube, outros bares e casas noturnas foram inaugurados na região, revitalizando a cena noturna paulistana e a própria Rua Augusta.

Tibiriçá Martins, na época um dos proprietários da casa noturna, encabeçou o projeto. A ideia era grafitar paredes, portas e muros externos que estavam danificados ou pichados, aparentando sujeira e abandono. A melhora obtida no visual do lugar agradou as pessoas que passavam pelas ruas e os clientes do clube Vegas e dos demais estabelecimentos. Foram feitas parcerias com grafiteiros conhecidos e os donos do clube, que ofereceram ajuda de custo, alimentação e o material necessário para pintar o local. Segundo o organizador do projeto, os artistas tiveram total liberdade para criar seus desenhos, e é possível identificar o estilo de cada um. Os grafites do projeto tinham a seguinte marca estampada: "Vegas – Apoio Cultural".

3. A cidade, a psique e os complexos urbanos

Panorama da cidade como campo de experiência humana

O fenômeno do grafite insere-se em uma realidade urbana estruturada em zoneamentos, edificações e, principalmente, em trajetos. Essa realidade, solo matriz do grafite, divulga as nuances do convívio e do habitar.

O olhar geográfico de Lefebvre (1991) contribui para esclarecer o panorama da problemática urbana. Partindo do processo de industrialização visando elucidar uma transformação complexa da cidade e da realidade urbana, o autor considera tal processo o motor de transformações sociais há mais de um século e meio, o qual mudou radicalmente a estrutura morfológica da cidade na medida em que alterou suas relações e seu uso. O *uso*, para Lefebvre, caracteriza a relação entre os homens e suas obras, e a *troca* caracteriza a relação entre os homens e seus produtos. Vale dizer que a distinção desses valores (uso e troca, obra e produto) é possível apenas para fins analíticos, a fim de esclarecer o estado atual da realidade urbana e da cidade em suas mediações e morfologias. Resumindo, pode-se dizer que obra tem valor estético vital para a manutenção de sua pertinência (exemplo: estátuas em espaços adequados a celebrações e encontros) e que o produto visa à mediação de trocas e independe da estética, o que contribui para explicar a infinita variedade de modelos disponíveis de qualquer gênero à venda.

Pensando no pressuposto de que os fluxos monetários antes do capitalismo concorrencial eram mantidos e circulados entre uma elite cada vez menos aristocrática e aplicados na comunidade na forma de investimentos objetivos e materiais na cidade (edifícios, fundações, palácios, festas etc.), Lefebvre notou ainda que as sociedades criadoras de cidades monumentais foram substituídas pelas sociedades de exploração, que marcam as comunidades pós-industriais. Considera, portanto, que a cidade e a realidade urbana são destruídas e vão definhando com o avanço de uma mentalidade capitalista tecnocrata, burocrática e global. O autor entende que a cidade e a realidade urbana são usurpadas de seu valor de uso no decorrer da mudança de um capitalismo comercial para um pós-industrial, corporativo, financeiro, concorrencial. Esse esquema de trocas e produções humanas determina valores e fluxos que subordinam a criação humana de obras a seus fins quantitativos e estratégicos. Assim, seria possível explicar a situação de deterioração dos espaços de vivência coletiva na cidade, que começa a se desenvolver em uma direção desintegradora de usos e de desperdício da qualidade. Paradoxalmente, a cidade e o urbano seriam o berço do que os torna um resíduo.

Esses mundos, um material – cidade – e outro conceitual – realidade urbana –, são mediadores entre uma ordem próxima, definida pela microcomplexidade das relações particulares de cada região – delimitada como for conveniente –, e uma ordem distante, definida pelas forças que movem e orientam as determinantes produtivas e as reproduções. Na condição de mediadores, podem ser entendidos metaforicamente como uma linguagem, uma semiologia, que comunica uma ordem à outra. É na cidade e na realidade urbana que são sentidos e transitam os conteúdos subjetivos, ou as consequências humanas das transformações sociais.

Essa breve explanação sobre os valores de uso e troca agenciados no espaço urbano serve para situar o questionamento dos sentidos experimentados no cotidiano das cidades modernas. Introduz na análise do fenômeno urbano um olhar que nos aproxima dos usos que o constituem, que, por sua vez, exprimem os afetos presentes nesse espaço.

Um campo do conhecimento das ciências humanas que há tempos se debruça nesse mesmo objeto de análise é a antropologia urbana. Pioneiro na realização de estudos etnográficos sobre grupos e situações urbanas, Magnani (2003) esclarece a importância da cidade como objeto de pesquisa e o comportamento urbano ao propor que, vivendo de perto experiências circunscritas do cotidiano de certos grupos, podemos tecer formulações mais gerais quanto à lógica que constrói o pano de fundo desses cotidianos. Para ele, é na dimensão antropológica dos circuitos urbanos que a cidade, em suas relações mais complexas, torna-se inteligível. O autor identifica no contexto urbano diferentes circuitos coexistentes e inter-relacionados que descrevem os usos da cidade. A categoria *circuito* é definida justamente pela descrição do exercício de alguma prática ou serviço por meio de equipamentos e espaços não ligados contiguamente; apresenta, ainda, usuários habituais que exercem sociabilidade por meio de encontros, comunicação e manejo de códigos.

O grafite na cidade de São Paulo é um fenômeno inserido no circuito proposto pela antropologia urbana de Magnani. Não é difícil reconhecer que o exercício dessa prática promove sociabilidade entre os participantes e é descontínuo no espaço e no tempo. Desse modo, a análise desse circuito particular mostra-se pertinente ao objetivo de elucidar a lógica urbana.

O olhar da antropologia urbana contribui para a valorização da análise do campo subjetivo no meio urbano. Desde o início do século XX, há uma busca por desvendar as relações de sociabilidade urbana moderna, mediante a etnografia da Escola de Chicago, fato que aponta para a importância crescente da tentativa de entender as experiências vividas em solo urbano.

Desde as primeiras investidas acadêmicas para elucidar as relações humanas nas metrópoles crescentes, o cenário urbano já vinha sofrendo mudanças significativas nos fluxos sobre os quais se estabelecem as relações desse espaço social. Existiria a passagem da experiência divagante do *flâneur* de uma cidade antes de automóveis e luz elétrica para uma desterritorialização. Em outras palavras, o transeunte da metrópole do século XIX teria apreciado um espaço urbano que ainda oferecia a experiência das passagens, a velocidade do dia, o acender de lampiões, as calçadas mais cheias. O espaço do caminhar mantinha relação com o tecido da cidade, permeando o diálogo entre o citadino errante e a materialidade urbana de modo sensível, direto, passível de apreciação. Por meio da tecnologia, a experiência do tempo mudou e, com ela, mudaram também as organizações dos espaços cujos fluxos dependem do tempo.

A demanda por realização de tarefas de uma cidade do século XX exigiu uma reformulação morfológica, física, das passagens – ruas alargadas, calçadas menores, vias mais eficientes. O espaço da cidade é usado para favorecer os fluxos que a constroem; a passagem se vê impedida pela pressa, pelo tempo que não se pode perder e, paradoxalmente, pela perda de tempo.

O valor de uso do espaço urbano seria aprisionado como artigo consumível e, portanto, custeado por uma lógica capitalista que atrela a apreensão estética à quantificação da experiência humana. O lazer ficaria relegado à oposição da produção inerente à cidade, ou seja, a grande área da cidade passa a se ver prioritariamente projetada para um modo unívoco de empregar o tempo, os espaços, as pessoas, para a efetivação da vida moderna. Em São Paulo, as vias de trânsito se impõem a outras formas de passagens e passeios, e a comunicação que se faz nesse fluxo obedece à velocidade do carro, ao ponto de vista de quem está dentro de um lugar privado e olha de fora um cenário sobre o qual apenas flutua.

O sociólogo Lipovetsky (1989) descreve o processo de personalização recorrente na pós-modernidade. Segundo ele, há na sociedade uma valorização exacerbada da realização pessoal e do "respeito pela singularidade subjetiva", que encerra a experiência coletiva em uma soma de buscas individuais por expressão e preenchimento. Estabelece-se o paradigma individualista e o reinado do "efêmero sistemático" (p. 10).

O predomínio do valor de troca na construção da experiência urbana como criação, ocupação e valorização do espaço da cidade, indicado por Lefebvre como característica marcante das sociedades de exploração, e o processo de personalização descrito por Lipovetsky encontram-se intimamente relacionados e presentes no cotidiano urbano:

> *A sociedade pós-moderna já não tem ídolos nem tabus, já não possui qualquer imagem gloriosa de si própria ou qualquer projeto histórico mobilizador; doravante é o vazio que nos governa, um vazio sem trágico nem apocalipse. (1989, p. 12)*

Posteriormente, Lipovetsky e Sébast reformularam o reinvestimento afetivo em *Os tempos hipermodernos* (2004). Nessa obra, retomam a primazia do aqui e agora, o pós-modernismo dos anos 1970 e a consequência do fracasso das grandes ideologias da história, mas questionam se a aceleração e o culto à modernização nos levariam a uma vida sem propósito ou a um sentido mais amplo. Apesar de admitir razões suficientes para o pessimismo, seu ensaio finaliza apontando que "o futuro continua em aberto" (p. 100). As grandes decepções são contrapostas a novas paixões e novos sonhos, assinalando uma mudança na despreocupação e no gozo imediato que caracterizou a era pós-moderna. Trata-se do tempo do risco e da incerteza, em que o presente é vivido na insegurança: "um composto paradoxal de frivolidade e ansiedades, de euforia e de vulnerabilidade" (p. 65), que caracterizaria a modernidade atual.

Os autores entendem, ainda, que a preocupação com o futuro e o reinado da urgência e do tempo comprimido adquirem valores como a sensualização do instante, o desejo de relacionamento íntimo e o amor à amizade, a redescoberta do passado, o ressurgimento ético, a reminiscência religiosa, a consagração dos direitos humanos. Posto que o universo da hipermodernidade é incerto, caótico e atomizado, cresce também a necessidade de unidade e de sentido, de segurança, de identidade comunitária, incorporando imaginários coletivos do passado. Em suma, mesmo que a lógica e a prática do consumo imperem em um mercado globalizado, existe poder de autocrítica e de autocorreção inerentes ao universo democrático liberal, afirmando um sentido que impulsiona valores compartilhados.

A dinâmica da relação entre essas observações a respeito da sociedade urbana atual não pode se pautar em uma relação causal, ou seja, não se pode, por exemplo, postular o valor de troca que constrói a cidade e a personalização como causas da ausência de uma imagem gloriosa de si mesma, como diriam Lipovetsky e Sébast. Os elementos componentes da realidade urbana são simultâneos e ininterruptamente vividos em seu cotidiano, nas distintas dimensões de consumo e nas experiências de passagem.

Antes de Lipovetsky e Sébast, Simmel (2002), sociólogo alemão do final do século XIX, testemunhando um franco crescimento da área urbana de Berlim, descrevia a metrópole como um lugar que ameaça os cidadãos com um número inapreensível de estímulos. O cidadão então se retrai como meio de evitar implicar-se com todas as possibilidades que o solicitam, ficando, portanto, *blasé*. Essa atitude ocasionaria predominância dos valores quantitativos sobre os qualitativos, retrato do consumismo. Esse autor caracterizava a modernidade como uma "intelectualidade calculadora", que organiza o arranjo das possibilidades de vida da população urbana (Simmel apud Freitas, 2007, p. 44).

Essa descrição ainda se aplica até certo ponto à cidade atual. Uma lógica que determine as possibilidades de interações estabelece uma gama de experiências psíquicas em detrimento de outras manifestações que apenas florescem à medida que a psique se liberta dessa lógica determinante. Estudar a experiência no campo psíquico, individual e coletivamente, ao viver em uma cidade tão grande e complexa quanto São Paulo, com a tendência generalizante do processo de globalização e urbanização ocidental, concerne aos profissionais que lidam com os efeitos de organizações plurais para as pessoas.

Cidade: espaço psíquico

Compreender o fenômeno do grafite requer vinculação entre a psique, em sua manifestação coletiva, e o espaço da cidade. Pode-se entender o espaço urbano como uma manifestação material e afetiva da psique, uma dimensão real e viva do corpo psíquico da humanidade. Uma forma de humanidade – a urbana – que está encarnada no espaço físico da cidade, no qual estão inscritos os símbolos de sua realização e transformação. Estudos psicanalíticos focaram o tema da urbanidade e as relações que se estabelecem sob o prisma psicológico. A seguir, apresentamos alguns desses estudos.

Alizade (2009), psicanalista argentina, desenvolve a relação entre a cidade e a ligação eu-outro, em que a cidade está presente como constituinte da subjetividade individual. Descreve a cidade interiormente vivida como um "complexo associativo psíquico" (p. 64), derivado da multiplicidade oferecida pelo cenário exterior, em que o entorno tem papel de embasamento na formação psíquica do sujeito. O mundo interior reveste-se da matéria do exterior, e o imaginário se projeta nos elementos da cidade, de lugares, objetos, sons, cheiros. O outro – próximo ou não – participa desse entorno, incluindo familiares, amigos e outros insignificantes ou dignos de interesse solidário. A autora foca em dois polos de relação com o outro: diferença e indiferença. Esta última encerraria uma patologia, quando permeada por falsa permissividade ou agressividade latente. Afirma, finalmente, que o amadurecimento humano envolve o encontro com o outro antes indiferente e sua transformação em um ser que importa. Para tanto, seria possível exigir um esforço libidinal de ruptura do narcisismo que impede de conhecer a si mesmo, dada a impossibilidade de conhecer o outro.

De modo semelhante, Tanis (2009) endossa a pertinência de estudos simbólicos sobre o meio urbano, destacando a experiência de desenraizamento, exclusão e violência, que são iminentes no continente representativo da cidade. A cultura como arcabouço coletivo de significados é também alvo de psicopatologias. Entende o autor que o processo analítico não pode ocorrer alheio à cultura e à sua compreensão, empreendimento importante para a integração do indivíduo com o mundo exterior. Em um tom que se aproxima de uma leitura junguiana, descreve a geografia urbana, "múltipla, sedutora, enigmática, por vezes assustadora" (p. 22), como metáfora da geografia da alma humana. Enfatiza, ainda, três aspectos importantes: o excesso, de gente, de informação, de velocidade, de exposição sem intimidade (*chats*, publicações, eventos, *blogs* etc.), de trânsito, de distância, de tempo perdido no deslocamento precário, que no ímpeto urbano se torna não metabolizável; a multiplicidade ou fragmentação que, com o aumento dos espaços de convivência virtual, se tornaria o símbolo obsoleto; os paradoxos vinculares, quando a apatia toma o lugar do conflito ao mesmo tempo que novos tribalismos ocupam o cenário da sociabilidade urbana. Tanis chama a atenção dos colegas psicanalistas para a união fenomenológica entre o ser psicanalista e o cidadão, nas parcerias com a comunidade.

Eizirik (2009), psiquiatra psicanalista, por sua vez, confirma a interpenetração entre cidade e psique, ao discutir a influência da cidade no analista. Retrata a cidade como um lugar de imaginação, de desejo, de nascimento, de vida, de morte, de visita, de sonho, que estimula a associação livre, a memória, o imprevisto e a surpresa, em que o habitar tece destinos e um vórtice de encontros consigo mesmo e com a história, um portal para o interior desconhecido:

> *[...] as cidades que se entrecruzam em nossas mentes não obedecem às fronteiras formais, nem se referem ao que o atlas ou o* Google Earth *nos mostram. Cada palavra, cada nome, cada referência a essas cidades está mesclada com a trama de afetos e lembranças, símbolos*

e associações que permitem a uma mesma rua cruzar distintos países. (Eizirik, 2009, p. 56)

A cidade, ser vivo e cambiante, torna-se também um objeto interno na mente do analista em seu trabalho, um acontecimento que resulta do encontro de fantasias, memórias, vivências e pessoas de tempos distintos em uma criação contínua do futuro.

Alizade, Tanis e Eizirik representam o grande número de profissionais do campo da psicanálise que se debruçam sobre a investigação da cidade como objeto interno e em relação com o outro.

Hillman (2006), autor proeminente no campo da psicologia analítica, defende o trabalho do olhar psicológico sobre essa realidade e entende que os objetos e as vivências da cidade falam mais do que índices e *outdoors*. Há um empobrecimento substancial quando se retiram os valores qualitativos do cotidiano, quando se extinguem passagens humanas e ocorre repressão da animação. Retira-se, assim, da cidade o significado da vida, indispensável à coletividade em todas as suas expressões, desde a familiar até a política. Para o autor, a alma, entendida como animação psíquica no vocabulário junguiano, deve também permear de significado objetos e quaisquer elementos extraindividuais. Posto que a realidade psíquica é intrinsecamente vinculada à realidade do mundo, a psicopatologia em ambas as esferas se entrelaça, e o mapeamento dos afetos circulantes em uma localidade revela o estado psíquico de seus habitantes com imagens de um mundo sensível e psíquico.

De acordo com outro psicólogo da teoria do imaginal, Hill (1996), o sentimento de apego ao lar tem raízes arquetípicas e oferece-nos uma base de referência de vida para que possamos experimentar nossa personalidade em espaços diferentes, sem risco de perda de identidade. O lugar onde vivemos é, portanto, parte fundamental da constituição de nosso mundo conhecido, de nós mesmos. Esse autor argumenta que o surgimento do nacionalismo retira o sentimento do lar das mediações geográficas imediatas, tornando a noção de "estar em casa" abstrata e fugidia. Entendendo que o sentimento de pertencimento ao lar sofre uma realocação do espaço físico para um conceitual, indaga-se a respeito do significado da cidade moderna para a constituição psíquica de um lar. Hill conclui que esse modo de vida aliena as pessoas de seus arredores e de apego a seus semelhantes, em virtude da ausência de mito e significado que ali poderiam se sedimentar.

Reunindo as observações dos autores citados, que convergem na afirmação de Hillman de que a experiência estética possibilita a apreensão psíquica do mundo físico, é possível expor a cidade globalizada como um lugar de desconstrução da identidade local. A atenção e a fruição coletiva dos símbolos da cidade cedem em razão da reprodução indiscriminada de comportamentos unilaterais. O resgate de símbolos e de mitos na estética urbana pode favorecer encontrar o lugar de fortalecimento de laços com o entorno, integrando a identidade comunitária.

Ao se considerar a correspondência entre cidade e psique, transparece um mundo cujo significado é erodido pelo uso do espaço e do tempo. As experiências atuais de um citadino de São Paulo fazem pouca referência à história de seu lugar, uma vez que o tempo da cidade não é mais um tempo de gerações, mas um tempo de serviços em uma cidade que não pode parar. Mais uma vez, ao se perderem as passagens, perde-se o significado do espaço onde transitam as vivências que constituem nossa identidade, perde-se o zelo pela continuidade geracional, pela posterioridade.

Os autores citados – todos eles – chamam a atenção para a mudança de olhar que surge quando se vislumbra a realidade urbana como uma realidade psíquica, possibilitando que a psicologia estude um fenômeno tão vasto e complexo quanto o urbano. Por constituir uma manifestação imagética dessa realidade, o grafite oferece uma janela para a percepção e a elaboração da situação atual vivida na cidade de São Paulo a partir do coletivo inconsciente.

Os complexos urbanos e os traumas coletivos

Posto que grande parte do cotidiano urbano desperta temor, uma breve explanação se faz necessária para elucidar o efeito da experiência traumática na psique. Segundo Jung (1974), os complexos se originam do embate entre uma demanda de adaptação e a inabilidade constitucional do indivíduo de fazer frente a esse desafio. Apesar da possibilidade de terem origem na vida adulta, as formas típicas primárias são construídas na infância.

Além de eventos traumáticos individuais, podem existir eventos traumáticos compartilhados, ou seja, complexos culturais formados por experiência traumática repetitiva grupal. Para Singer e Kimbles (2004), uma identidade cultural saudável pode ser contaminada pelos aspectos negativos dos complexos culturais. Weisstub e Weisstub (2004) enfatizam que o trauma exterior pode prejudicar um senso interno de autoridade benéfica, e indivíduos antes adequadamente funcionais se tornam não funcionais, perdendo a motivação para a vida, como, por exemplo, nos transtornos de estresse pós-traumático.

Há ambientes prejudiciais pelos efeitos decorrentes da exposição ao estresse traumático durante longo período, o que pode ocasionar defesas dissociativas. Os afetos (emoções) não integrados gerados pelo trauma ameaçam a experiência de autocoerência, autocoesão e autocontinuidade, chegando a provocar cisões de personalidade, despersonalização, esquiva e distanciamento emocional (entorpecimento). Quando ocorre a despersonalização, o indivíduo deixa de se sentir real e plenamente vivo, como que retraindo seu eu para tentar uma proteção; há graus intermediários desse transtorno.

Paralelamente, estudos da neurociência investigam reações do cérebro a emoções excessivas, principalmente de medo. De acordo com LeDoux (2002), o sistema conectivo despertado pelo medo aprende e armazena informação sobre estímulos que previnem ameaça corporal ou outros perigos iminentes, ocasionando resposta automática a um perigo, como congelamento e evitação. Pesquisas também revelam que a exposição repetida a situações de medo, reais ou imaginárias, criam condições para a ativação de respostas emergenciais que liberam substâncias neuroquímicas do cérebro, retraumatizando a pessoa.

São Paulo é uma cidade que oferece múltiplos estímulos artísticos, empresariais e científicos, com atividades culturais enriquecedoras e variadas. Contudo, é também um meio de violência urbana intensa, com assaltos, sequestros, assassinatos, acidentes de trânsito e outros. Há ainda a competitividade impiedosa. Tudo isso provoca reações de medo e insegurança que, quando hiperativadas, se tornam ansiedade patológica.

Importância da simbolização

A psique tem funções autorreguladoras passíveis de serem ativadas ainda que não evitem colapso e desorganização. Wilkinson (2006) enfatiza a importância do hemisfério direito para a capacidade de reparação, ajudando a eliminar defesas que se tornaram uma negação à vida. Fonagy (2004), por sua vez, destaca que a mente humana evoluiu até o ponto em que é capaz de estabelecer ligações e de sobrepujar disfunções no órgão físico do qual depende, isto é, o cérebro. Esses autores concordam que a habilidade de simbolizar um afeto é crucial na obtenção de controle sobre o afeto esmagador (Wilkinson, 2006; Fonagy, 1991).

Prosseguindo os postulados a respeito da imaginação e da simbolização que descongelam emoções represadas e perturbadoras, a hipótese aventada é de que a arte de rua, de um lado, expressa tais emoções e, de outro, pode ter um efeito integrativo nos complexos culturais originados do medo e do trauma que, por sua vez, geram sentimentos e emoções estressantes e ameaçadoras no dia a dia da cidade. Isso significa que a possibilidade de adentrarmos em nossa dor e de representarmos nossos complexos nos resgata das defesas enrijecidas e nos afasta da emocionalidade exposta e repetitiva.

4. O grafite e a realidade urbana

Na dimensão psíquica do mundo urbano atual, o grafite representa uma expressão do imaginário em ebulição nas cidades, neste caso, em São Paulo. Neste capítulo, apresentamos o tema com base em uma compilação das pesquisas de Gitahy (1999), Manco (2005), Lara (1996) e Silveira Júnior (1991). Procura-se introduzir a história do grafite e apresentar sua situação nos cenários público e privado da atualidade, bem como suas heranças e inovações.

O grafite, desenhos pintados ou pichados nos muros da cidade, é produto da habilidade humana desde seus primórdios; o gesto de rabiscar superfícies é, ao que tudo indica, natural e espontâneo. A palavra "grafite" é um neologismo brasileiro criado da palavra italiana *graffito*, que se refere à técnica de rabiscar; seu plural, *graffiti*, designa os rabiscos antigos feitos em muros de monumentos, como os *graffiti* do Coliseu ou da Torre de Pisa.

Segundo Rui Amaral,[1] um dos maiores expoentes do grafite paulista desde sua primeira geração, o grafite constitui o ato de

---

1 Comunicação pessoal, 9 dez. 2009.

rabiscar uma parede, e esse ato carrega diferentes graus de intencionalidade. Essencialmente, o grafite busca a ocupação do espaço residual da cidade. É ilegal, não somente no ato pictórico em vias públicas, mas também como reivindicação da imaginação. Luta *contra a cidade* em sua configuração vigente; é transgressor, desafiador, inapreensível à lógica funcional que estrutura o espaço urbano.

As tentativas de englobar o grafite na lei, na civilidade, são inexoravelmente dribladas por sua capacidade de transformação criativa. Ao ceder determinado espaço para o grafite, por exemplo, uma prefeitura se lança no objetivo de delimitar um local sem atinar que uma função orgânica extrapola as organizações. Grafitar não significa ou pelo menos não evoca apenas o rabisco em superfícies, pois faz parte de um tecido vivo, do extrato material de grandes e médios aglomerados sociais pós-industriais; portanto, exibe-se em espaços públicos.

O grafite brasileiro, a exemplo da miscigenação de nossa cultura, não parte apenas de um ponto de origem. Sua história remonta a distintos alicerces políticos e culturais. A seguir, descrevemos o percurso histórico do grafite paulista em um recorte pertinente a esta pesquisa, destacando a relevância histórica e exponencial que ele apresenta.

Lara (1996) aponta o movimento dos *squatters* na Europa dos anos 1960 – grupo de jovens que, sustentados pelo seguro-desemprego, ocupava prédios abandonados e estabelecia nesses locais intensa troca e produção artística – como um pilar fundamental da produção e divulgação do grafite como manifestação artística popular, jovem e de protesto. Nesse contexto, imagens inscritas nas paredes das residências já apresentavam a intenção plástica e o conteúdo poético que, mais tarde, seriam vistos em nossas paredes. De acordo com o autor, que é artista plástico, as agitações de maio de 1968 cunharam boa parte das diretrizes político-artísticas que o grafite paulista adotaria. Note-se que o grafite paulista constituiu uma experimentação artística que visava à reflexão e à mudança de um paradigma das artes plásticas, mais que um ato de revolta jovem e inconsequente.

O grafite brasileiro surgiu historicamente na década de 1960, ainda não dissociado da pichação, fosse como forma de protesto político contra a ditadura, fosse como publicidade comercial. As inscrições não tinham motivação estética, tampouco circulavam de maneira a prestigiar seus agentes como na prática da pichação. Na década de 1970, artistas plásticos, como Alex Vallauri (1949-1987) e John Howard (1938), começaram as experimentações artístico-políticas nos muros da cidade de São Paulo. Essas obras, que depois foram expostas em bienais internacionais, visavam principalmente estabelecer um novo diálogo entre público e arte, de maneira a democratizar e desburocratizar a arte de galeria, confinada ao espaço fechado, privado. Grafiteiros dessa época diziam que a cidade seria transformada por meio da revolução artística em uma galeria a céu aberto.

Além dos grafites, os artistas dessa primeira geração realizaram intervenções em galerias e em outros espaços privados da cidade. Tais atos eram prestigiados por uma pequena comunidade e perseguidos pelo moralismo autoritário da ditadura. A partir de então, os grafiteiros articularam técnicas e beneficiaram-se intensamente de encontros notáveis com artistas estrangeiros. Dentre eles, o reconhecido artista *pop* Keith Haring (1958-1990), que influenciou o maior expoente do grafite brasileiro até hoje, Alex Vallauri – sua data de óbito, 27 de março, tornou-se o Dia Nacional do Grafite. Rui Amaral (1962-), artista brasileiro de enorme importância na formação de futuras gerações do grafite paulista, também começou sua produção nessa época.

A origem artística do grafite paulistano conferiu a ele alguma visibilidade positiva por promover debates e ganhar respaldo popular. Os desenhos grafitados retratavam personagens de histórias em quadrinhos, caricaturas, críticas políticas e humor. Tais características ajudaram o grafite a ganhar cada vez mais visibilidade na mídia e a adquirir força como agente de mudança social, uma vez que foi colocado como alternativa à pichação.

O processo de inclusão do grafite foi intensificado na década de 1980, quando artistas internacionais, como o já citado Keith Haring e o francês Hervé Di Rosa (1959-), vieram ao Brasil. Com isso, um intercâmbio intenso com os grafiteiros da primeira geração contribuiu para o fortalecimento do grafite como via reconhecida das artes plásticas. Ainda que fosse ilegal, muitas vezes perseguido, e que disputasse espaço com as pichações, o grafite já se distinguia delas e veiculava prestígios de domínio de território.

A repressão veemente do governo de Jânio Quadros, em 1988, fez eclodir manifestações organizadas de pichadores que sentiam seu "trabalho" valorizado pela mídia, mesmo que em franco tom de desvalorização e repúdio do grande público. Paralelamente, o grafite destacava-se na mídia e na publicidade como expressão de uma estética "jovem", o que foi contestado por alguns grafiteiros das primeiras gerações. Entre meados de 1970 e 1980, o grafite ganhou espaço nas galerias, despertando ambivalência quanto a seus objetivos. A subversividade de sua prática, que para alguns constitui a essência do fenômeno, perdeu destaque e surgiram conflitos com relação ao rumo de algumas produções. Alguns grupos, como o famoso Tupinãodá, se desintegraram e, com o passar dos anos, os primeiros artistas foram reabsorvidos pelo circuito das artes plásticas.

Nessa época, surgiu uma segunda geração de grafiteiros. Alguns deles haviam sido pichadores, como Juneca, que havia aprendido técnicas e conteúdos com os primeiros artistas. Esses conteúdos repetiam em boa medida os da década anterior, mas com poucas inovações, como o uso de máscaras. A disputa por território com pichadores adquiriu um caráter de violência e desrespeito, pichações em cima de grafites, e vice-versa, eram as formas mais comuns de contestação de espaço e de direito.

Em seguida, chegou a São Paulo a influência do movimento *hip-hop*, que surgiu nos guetos nova-iorquinos como uma cultura de valorização do estadunidense afrodescendente e que englobava como uma de suas manifestações o grafite. Apareceu de forma subversiva por parte de alguns integrantes de grupos de *hip-hop* que, no frio do inverno dos Estados Unidos, desceram ao metrô para pintar os nomes de suas gangues nos vagões. Tal origem aponta para o fato de que, em seu berço, o grafite foi gerado à margem da oficialidade que rege a cidade. Os desenhos iam adquirindo notoriedade à medida que os trens circulavam, e seus autores se tornavam fonte de interesse de artistas locais e das autoridades competentes. Nesse contexto, também surgiu o fenômeno das *tags*, marcas gráficas ou codinomes que representam pessoas, gangues e sua ocupação no território urbano.

Na década de 1990, a terceira geração de grafiteiros se consolidou no cenário urbano paulista. A participação do grafite nos programas de inclusão social atraía mais interessados nessa prática e fortalecia os valores da cidadania. Houve ensejos de promover diálogos entre o grafite e a pichação, a fim torná-los agentes de mudança social. Algumas áreas da cidade foram liberadas para a prática do grafite, e a prefeitura do município concedeu oficinas e fomentos a projetos sociais envolvendo o grafite.

Com a influência do *hip-hop*, os temas das figurações nas paredes paulistas ganharam um ar mais subversivo e agressivo. A estética usada adquiria caráter adolescente, na medida em que retratava cada vez mais figuras jovens em gestos irreverentes ou mesmo ofensivos, embora o cotidiano urbano e o humor ainda tivessem lugar assegurado nas inscrições em paredes da cidade.

Com a consolidação do grafite no mundo oficial, por meio da mídia ou do Estado, as primeiras gerações de grafiteiros começaram a demonstrar contradições com relação à constituição do que anteriormente era entendido como um movimento. No seu início, o grafite necessitava da clandestinidade para sua configuração e, ao pintar um muro oficialmente cedido pela prefeitura ou pichando com garotos em situação de vulnerabilidade social em um projeto fomentado pela iniciativa privada, confundiam-se seus princípios. Conflitos emergentes levaram alguns artistas a abandonar sua prática de grafiteiros ou a diversificar sua produção.

Houve também, na década de 1990, maior reabsorção de grafiteiros veteranos nos circuitos estabelecidos das artes plásticas e seu mercado, o que foi contestado por alguns artistas. Intensificou-se também a remuneração de grafiteiros para que grafitassem os muros que não deveriam ser pichados. Nota-se, portanto, que essa década testemunhou mudanças significativas no campo teórico do grafite paulistano. A complexificação das consequências diretas (a proteção contra a pichação, por exemplo) e indiretas na sociedade (o aumento da procura por oficinas para tirar jovens de situações de risco, por exemplo) acabou por desorganizar a inicial coesão motivacional dessa prática. Ainda assim, nessa mesma década, os intercâmbios se intensificaram, bem como a divulgação no meio de jovens com adesão de novos talentos. Um exemplo dessa geração é a dupla de grafiteiros OSGEMEOS. A penetração do grafite nos meios intelectualizados intensificou-se e, em decorrência dos projetos sociais, de mais muros cedidos oficialmente e encomendas particulares de murais, o espaço social do grafite inseriu-se nas forças produtivas e tornou-se mais do que sustentável, passando a ser lucrativo. Com respeito ao recorte paulista, São Paulo é hoje, reconhecidamente, o destino mais cobiçado dos artistas do gênero da arte de rua.

Nota-se que, pelo menos como expressão categoricamente artística, o grafite brasileiro – que nasceu em uma São Paulo já com mais de 5 milhões de habitantes – descendia de um meio social intelectual e tecnicamente preparado. No entanto, faz-se necessário esclarecer que a cultura *hip-hop*, autora da estética do grafite original nos Estados Unidos, também gerou considerável influência e respaldo popular.

Por compatibilidades de realidade social, notoriamente urbana e pós-industrial, as manifestações estéticas dos movimentos de gueto estadunenses foram amplamente absorvidas pelos guetos brasileiros a partir da década de 1980, o que logo fez surgir nos muros da cidade os mesmos traços pontiagudos e fontes estouradas característicos dos originais do metrô dos Estados Unidos. Nessa época surgia o fenômeno generalizado da pichação, como decorrência da onda de experimentação tipográfica de artistas da Vila Madalena, bairro de São Paulo, influenciados pela cultura *pop* e de "manos" da periferia que se identificavam com o *hip-hop*. A pichação é paulistano de nascimento, surgida de uma antropofagia nos termos modernistas. Seu estilo provém de uma cópia leiga do estilo gótico de tipografia estampada em capas de álbuns de *heavy metal* – principalmente da banda Iron Maiden –, misturada com traços do grafite estadunidense e dizeres obscuros, em especial a respeito da origem de um bairro ou gangue. A pichação obedecia a outras prioridades e outros efeitos do grafismo em muros com visibilidade pública, o que não é contemplado neste texto. Apontamos somente que a pichação se dá em uma circulação particular de prestígio, é de técnica rápida e procedimento mais arriscado e característica de um estrato social mais delimitado que o do grafite.

Traçado esse panorama histórico, são feitas algumas considerações sobre as relações entre o grafite e a realidade urbana nele intrincada. Retomando o argumento de que as sociedades de superestrutura exploradora corroem o valor de uso do meio urbano, podemos notar que, tanto na origem estadunidense como na brasileira, o grafite tornou-se veículo de revalorização urbana, o que pode parecer um contrassenso.

A lógica da cidade, por assim dizer, tende a diminuir a valorização qualitativa dos espaços e a superexcitar sensações e desejos. Tal lógica falha em oferecer um usufruto da cidade em suas capacidades mais elementares de fornecimento de habitação e infraestrutura. Quando a cidade adquire condição predominante de mediadora dos fluxos de troca – com suas ruas e avenidas, *shoppings*, centros executivos, polos industriais, periferias, prédios em excesso – torna-se invisível e insubstancial aos olhos dos trocadores, ou seja, obtém exposição e impacto de circulação de usos, uma objetivação mercadológica desprovida de permeação sensível. Os grafiteiros não só foram os primeiros grupos de artistas a conceber um uso amplo da cidade como mídia como também desenvolveram um olhar particularmente apurado para o aproveitamento desse espaço.

O grafite seria, assim, a arte da visibilidade daquilo que não se quer ver, isto é, o espaço deteriorado, anônimo e rejeitado, adquire qualidade, tom, cor, contorno, múltiplas formas que transpõem esse espaço e o dotam de sentido, extrapolando o que é dado de imediato nos entornos esquecidos. São criados paradoxos em vez de impossibilidades, trânsito de nuances entre o privilegiado e o desprovido. Seria uma ação que denuncia, com divertimento e originalidade, as mazelas do mundo urbano atual, transgredindo não apenas a propriedade pública como também sua normatividade e segregação social.

Figura 2 – Grafite de Rui Amaral, São Paulo, 2016.

5. A fala dos grafiteiros

Neste capítulo, apresentamos a compreensão do fenômeno visto nos capítulos precedentes sob um enfoque psicológico, cultural e social. Procuramos investigar como os artistas de rua entendem sua atividade e função no cotidiano urbano. Os temas que orientaram as entrevistas com os artistas foram: motivação para grafitar; percurso do artista (formação, participação em projetos sociais etc.); definição de grafite (marginalização e institucionalização, arte de galeria e arte de rua); importância do grafite na cidade de São Paulo; caracterização da cidade de São Paulo; grafite como movimento; grafite hoje e nos próximos anos; história do grafite e sua nomenclatura; diferença entre grafite e pichação; grafite como uma expressão do jovem; e escolha de locais para fazer o grafite.

Os grafiteiros entrevistados puderam elaborar respostas amplas sobre suas obras, sua arte, sua trajetória, seu meio, sua cultura e história. Dos quatro grafiteiros entrevistados, escolhidos por critérios de valorização na mídia, influência histórica e artística no meio do grafite e dificuldades de contato e acessibilidade, três autorizaram a publicação de seus dizeres. A seguir, apresentamos separadamente o que cada um afirmou acerca de seu trabalho artístico.

Motivação para grafitar

Rui Amaral

A prática do grafite foi associada por esse artista à diversão na infância; a ideia de que o grafite não é um dever ou objetivo fixo e/ou ideológico. É uma criação espontânea. Na vida adulta, o grafite ganhou lastro teórico sem perder ímpeto criativo. Ainda que haja comprometimento conceitual, o artista estudou artes plásticas. A criatividade foi unida à indagação intelectual. Pensa a rua como mídia. Os questionamentos contemplavam explorar o meio público e gratuito valorizando-o.

Boleta

Destacou sua independência criativa no processo artístico. Não aderiu a um movimento, mas descobriu uma prática prazerosa na qual se desenvolveu tecnicamente. Chama a atenção a relação apresentada entre grafite e música, já que adapta seu estilo à atitude evocada pelo estilo escolhido, do *hip-hop* ao *rock'n'roll*. No início o grafite aparentemente surgiu como veículo de afirmação dos valores que havia encontrado em uma manifestação coletiva ligada ao *hip-hop* ou ao *rock'n'roll*.

Sinhá

Referiu-se à diferença cultural entre duas cidades, Natal (RN) e São Paulo (SP). O fato de o marido ter vindo para a capital paulista por razões de trabalho remete a uma realidade recorrente que confere a São Paulo um polo de produção. Na cidade, encontrou a intimidade de uma relação para a sua vertente artística, mais do que um impulso ideológico ou racional. Seu interesse no grafite aparentemente surgiu de um prazer intrínseco à atividade.

Percurso do artista (formação, participação em projetos sociais e outros)

Rui Amaral

Teve uma formação técnica e crítica como artista. Sua atuação na Vila Madalena previa a reprodutibilidade das obras criadas por meio do estêncil. O grafite proveniente de um meio intelectualizado conseguiu respaldo com exposições, o que demonstra o lado "inserido" do grafite, uma manifestação que pode ser justificada com mais de um conceito ou ideologia. Considera que a influência do *hip-hop* reveste o grafite de outros teores críticos e estilísticos, e que sua efemeridade ultrapassa sua duração nas paredes; a diversidade ideológica e estética que nele se insere caracteriza um meio de múltiplos fins. Entende o grafite como fenômeno de mais de uma fonte e propósito; uma manifestação apropriada por diferentes prioridades e intenções. Seu envolvimento em projetos sociais é mais um retrato dessa polifonia. Ao se distanciar da produção de grafite, buscou diversificar seu trabalho como artista, evidenciando uma separação clara entre criador e sua obra. Seu trabalho, enquanto visão de arte e de mundo, excede as determinações de uma única prática, assim como o grafite excede suas normatizações; ambos são produto da criatividade espontânea que encontra forma apenas no mundo material.

Boleta

Revela que seu interesse original era pelas letras, um preciosismo na estética da linguagem, o que mostra uma afeição ao uso do traço ligado a um objetivo claro de comunicação verbal e comportamental – apologia a determinada atitude. Contudo, mostra-se entediado pela repetição de um mesmo signo e busca um processo criativo que dê conta de tornar seu trabalho mais original; disso nascem seus desenhos. Acha que o artista, em conexão com a cidade, revela seu próprio interior usando-a como meio. Ao mesmo tempo, a cidade tem, para este grafiteiro, o meio para a enunciação de seus símbolos. Talvez essa passagem de letras para desenhos indique uma mudança de influência em sua produção, antes mais relacionada ao papel desempenhado e, depois, à fantasia. A respeito dos projetos nos quais trabalhou, valorizou muito a troca que estabeleceu com os sujeitos mais que a produção propriamente dita. É como se o grafite fosse a linguagem por meio da qual o artista pudesse se comunicar; a técnica representando a estrutura gráfica dessa expressão sem impor o conteúdo dela. Corrobora essa afirmação o fato de que os trabalhos do grafiteiro são bastante diversificados, cada um com uma técnica específica e conteúdo igualmente individualizado.

Sinhá

Transparece a capacidade do grafite de reunir pessoas desconhecidas, aproximando os espaços e as realidades da cidade. Expressa também o prazer da tarefa de grafitar como motivação, assim como conecta o grafite com algo de valor em sua prática, benéfico para quem vê e para quem espalha desenhos e pinturas pelas paredes da cidade. Relata sua experiência, por meio do grafite, de contato com outra realidade penosa, que considera desoladora: a situação triste e chocante dos jovens. O grafite conecta a artista com diferentes dimensões da cidade, como um vórtice ou portal que reúne uma *Gestalt* de circunstâncias.

O que é grafite (marginalização e institucionalização, arte de galeria e arte de rua)

Rui Amaral

Chama a atenção para a caracterização do "ato" de grafitar. Não escolhe dizer, por exemplo, que grafite é a pintura que está na rua, mas sim o ato, o verbo, o fazer do grafite, sua prática. Outro ponto que ressalta é o lugar da rua, dizendo é "lá na rua", e não "aqui na rua". A expressão resgata a dicotomia entre espaços internos e externos, a rua, o fora, onde agentes íntimos se misturam; o grafite seria pintar o que é de todos, uma mensagem íntima para o coletivo. "Rabiscar", por fim, remete à garatuja infantil, tornando simples a prática em questão, não passando, portanto, por um crivo técnico, estético, teórico. Rabiscar é um *ato* que não exige nem exclui a reflexão e traz a determinante do imaginário em exercício espontâneo. No entanto, ao classificar o grafite como ilegal, exclusivo da transgressão e da desobediência civil, conflita com a ideia anterior de liberdade de criação e entra mais no mérito da definição *stricto sensu*. A ocupação do espaço volta à questão do "lá na rua", ocupação de um espaço que, mesmo que seja coletivo, sofre com a ação e a determinação de forças particulares.

Boleta

Identifica o grafite por meio da atitude de suporte. Descreve-o como ato e cenário ou palco da ação; pintar na cidade é diferente de pintar na tela. Assim, o grafite escapa às instituições, mesmo sem tentar fugir delas. A "arte do grafiteiro" – que pode estar no museu ou na porta da loja – é diferente do grafite da rua ou do trabalho encomendado. Fica reservada ao grafite a liberdade não só de criação como também de apropriação do espaço urbano. Não há algo que regulamente ou regularize a atuação do grafiteiro na cidade, ainda que se enquadre em um projeto ou se engaje no cenário particular das artes plásticas. O grafite excede seus enquadres; é livre.

Sinhá

Defende o trabalho do artista como algo independente de classificações; sua imaginação pode ser exposta na rua ou na galeria e manter sua integridade criativa. Acha que talvez o grafite expresse a imaginação desses artistas decantada em território coletivo. A mesma imaginação pode ser exposta em outros ares (mais "condicionados"), mas tem o mesmo valor expressivo de individualidade e subjetividade. O grafite, afinal, transparece como a parcela de criação do artista que encontra o suporte urbano de forma livre e não por alguma coerência conceitual. A criação é livre, concorda a artista, e os "radicalismos" com suas estanques definições é sumariamente driblado pela sobrepujança espontânea da criatividade artística. O lugar da rua, o tal suporte, é qualificado como a arena dessa liberdade, onde "fazer o que quiser" e "ser você mesma" é possível, desejável e atraente. Quanto ao comportamento de não grafitar sobre trabalhos alheios, revela vagamente uma ética do grafite de São Paulo. Por fim, qualifica-o como o "grito" dos artistas, ou seja, gritos, expurgos, expressões.

Importância do grafite na cidade de São Paulo

Rui Amaral

O grafite, em sua prática ou desfrute, torna visível o que antes era apenas uma função e menos uma forma. Recupera a qualidade do espaço, sua presença e companhia. O citadino que se depara com um espaço apreciável (mesmo que aprecie sua feiura) pode refletir sobre sua função. A cidadania, entendida como a reflexão e a prática em torno do viver coletivo, é sustentada pelo vínculo das pessoas com seu espaço. Dessa maneira, a arte que é desinstitucionalizada provê qualidade aos espaços coletivos e fortalece o vínculo dos espectadores e artistas com esses espaços. Grafite, como alternativa, não exclui quaisquer outras formas de expressão em espaços coletivos, denotando que a arte tem infinitos modos de manifestação. Faz novamente referência ao meio institucionalizado do grafite dentro da arte de elite.

Boleta

Apontou o caráter líquido do grafite, sua efemeridade intrínseca, sua indefinição temporal. O conjunto de cada grafite retrata um fenômeno intermitente, obras que aparecem e desaparecem; embora desconexo, o grafite mantém seu fluxo sempre "abastecendo" a cidade com novas imagens. Existe como entidade que povoa as paredes da cidade; cada grafite é apenas um momento, uma fantasia particular dessa entidade. Indicou também a ideia de que o grafite não é bonito nem feio, mas flexível em seus estilos que marcam processos de diferentes artistas.

Sinhá

O grafite aparece enfaticamente definido como uma necessidade. A escolha por essa palavra é expressiva, posto que o grafite é mais comumente entendido como algo supérfluo ou até agressivo. A necessidade difere do desejo por sua importância orgânica na sobrevivência material de um organismo. A artista nos leva a crer que o exercício do grafite é fundamental para a sobrevivência material do organismo da cidade, isto é, não se trata de um capricho vândalo em sua estética isolada nem mero desrespeito pela ordem pública, mas uma expressão com força de vida ou morte para a totalidade urbana. A cidade é descrita como um lugar onde as pessoas se desconhecem; é sufocante, diversa, bela e seca – a cidade "seca o seu ar". Esta frase não se refere apenas à poluição do ar, mais que isso, aponta o fôlego do mundo psíquico, o ar psíquico (psique, em grego, como respiração e alma); talvez o ar que falta seja o mesmo pelo qual navegam as asas de suas personagens. O grafite também é considerado um remédio ao anonimato opressivo, à homogeneidade metropolitana, como uma afirmação das diferenças qualitativas coexistentes e confluentes na cidade. Nas pinturas do grafite ou nos sapatos pregados no poste, é apenas a cidade que liga uma expressão à outra; a rua é o palco do coral dos "gritos". Também destaca que é na rua que o cidadão pode melhor depositar a impressão subjetiva dos estímulos cotidianos.

Caracterização da cidade de São Paulo

Rui Amaral

A contradição está presente na descrição que o grafiteiro faz da cidade. O tamanho relaciona-se ao caos e à desigualdade. Uma cidade tão grande e desigual aponta a fragmentação do espaço e do psiquismo coletivo, bem como das qualidades neles impressas. A mesma cidade é bela e feia, não necessariamente em regiões distintas, mas sob olhares diferentes que nela buscam uma transformação.

Boleta

Constata, assim como Rui, que a cidade é reunião simétrica de oposições, de contrastes.

Sinhá

Declara: "São Paulo é uma liberdade sufocante". Trata-se de um oximoro que, quando explicado, não revela harmonia em seus opostos. A liberdade está ligada à diversidade, à pluralidade, à confluência, à ebulição cotidiana. O sufoco vem do mesmo contexto, com a diferença de que a "liberdade" da cidade é vivida como algo estimulante e inspirador, em que a rua é seu símbolo mais representativo. Emprega a imagem das asas, cortadas pela atmosfera urbana e a atmosfera sufocante envolvendo uma "cidade cortada".

Grafite como movimento

Rui Amaral

Mais uma vez, explicita a diversidade ou mesmo a ausência ideológica do grafite, uma prática que transcende objetivos particulares de indivíduos ou grupos. Essa diversidade se constitui em recurso forte e constante entre tantos usos pessoais, coletivos e políticos diferentes.

Boleta

Também enfatiza a heterogeneidade de motivações e objetivos, que está ligada mais uma vez ao descompromisso do grafite com as exigências da consciência lógica (*logos*). Esta se esforça em limitar e decupar o fenômeno, porém, o grafite pertence à demanda da cidade que vai além da lógica. Já havia mencionado que a mera reprodução de signos, onipresente na cidade, causava-lhe tédio. Procura enfatizar a espontaneidade e a imaginação, afetos marcados graficamente no concreto da cidade. Ao expressar a ausência de violência no grafite como prática, entende que possa indicar um benefício no âmbito comunitário de uma atividade criativa e espontânea.

Sinhá

A resposta da artista não é precisa sobre o tema, mas procura discernir o movimento *hip-hop* do grafite que acontece atualmente. Aponta que o grafite não é associado a um comportamento ou identificação estanque, e que o circuito do grafite tem ocupantes mais diversificados em relação à época em que era exclusivamente ligado ao movimento *hip-hop*.

Grafite hoje e nos próximos anos

Rui Amaral

Destaca a parcela do fenômeno do grafite que adquiriu valor de mercado, quando sua associação com um grupo de consumo provocou uma inserção forte nos meios de comunicação. No meio institucionalizado, o grafite tem uma agenda com outras formas de expressão artística no ambiente coletivo urbano. Entender grafite como arte conflui para a compreensão de sua liberdade formal e funcional. Acha que, ao ater-se a uma classificação *stricto sensu*, perde-se a abrangência do impulso criativo que comanda a prática do grafite, tratando mais do que não é, em vez do que é.

Boleta

Enfatiza o potencial do grafite de inserir indivíduos artistas no meio artístico de destaque instituído na cidade. Nota-se o contraste que descreve entre o ato de promover a inserção do indivíduo em um meio respeitado e o ato de apropriar-se indevidamente do grafite para proveito comercial. Considera serem duas atitudes decorrentes de perspectivas individuais, uma delas apropriada e outra oportunista e enganosa. De qualquer maneira, acha que o futuro do grafite está nas mãos do indivíduo, com suas particularidades e escolhas.

Sinhá

Refere-se mais à questão da institucionalização do grafite, sua inserção em meios mais valorizados pela mídia e pelo mundo das artes plásticas. Não diz claramente qual o rumo do grafite e reforça considerações a respeito da liberdade de expressão individual e independência midiática do trabalho do artista, já contempladas em resposta anterior, quando trata do que entende por grafite.

História do grafite e sua nomenclatura

Rui Amaral

Acerca da grafia do grafite, refere-se à origem do termo: "*grafito*", que significa "rabiscar". Evidencia um caráter primitivo ou primordial que envolve esse fenômeno aparentemente moderno.

Boleta

Entende que a história do grafite difere daquela que foi exposta neste livro, pois não identifica no movimento *hip-hop* a origem do grafite paulista, mas em um momento anterior, quando artistas jovens e intelectualizados pretendiam usar o espaço público como meio de expressão e indagação artística. Contudo, concorda que a necessidade de comunicação está na origem dessa arte. Essa comunicação conecta espaços distantes na cidade, quilômetros vencidos em alguns *sprays* e latas de tinta, quando o grafite sintetiza os pensamentos da cidade e também seu espaço. Reforça a ausência de violência na prática do grafite atualmente no Brasil, atribuindo a essa arte uma qualidade integradora e conciliadora nos âmbitos individual, em sua psicodinâmica específica, e coletivo.

Sinhá

Oferece resposta informativa, referida anteriormente.

Diferença entre grafite e pichação

Rui Amaral

Colocando o grafite como meio de expressão individual da elaboração dos estímulos do meio urbano, meio pelo qual a imaginação rabisca simbolicamente algo que, voluntariamente ou não, concerne ao público, ao coletivo, há para esse artista correspondência entre grafite e pichação. Ambos são fenômenos que remetem à apropriação do espaço coletivo, expressando algo que insiste em ser grafado pela cidade. O aspecto de liberdade é enfatizado nessa prática: "É o artista que vai para a galeria, não o grafite". Essa frase denota a independência criativa do artista em relação às conceituações delimitadas pela institucionalização da arte.

Boleta

Ao tratar da diferença entre grafite e pichação, destaca que a pichação restringe as possibilidades criativas e técnicas do praticante. Posto que seriam signos reproduzidos para atrair alguma espécie de reconhecimento ou domínio, são mais numerosas e menos elaboradas oniricamente. No entanto, se são tão recorrentes, acha que se deve admitir uma necessidade de a cidade se manifestar por meio dela.

Sinhá

Considera que, colocadas no mesmo patamar expressivo, as duas manifestações preenchem os espaços da cidade. A pichação é caracterizada como menos inteligível, um código hermético, ao passo que o grafite é descrito como algo mais próximo, mais conhecido, com elementos conhecidos em situação imaginária, fantástica, como em um sonho. É bastante relevante sua opinião de que o grafite não é feito para que o espectador goste, não é destinado a seu conforto, mas à sua contemplação, mesmo que traga sentimentos desagradáveis: "Se não gostou, ótimo, o cara tá se expressando". A expressão vem a favor da exuberante diversidade qualitativa.

Grafite como uma expressão do jovem

Rui Amaral

A associação com a juventude se mostra alheia à produção do grafite. Valores jovens e valores que o grafite porventura possa comunicar são intencionalmente ligados para atrair uma clientela, o grafite no mercado. Sendo um grafiteiro maduro, descreve o grafite como algo em volta do qual há um cenário. O destaque de inovação se encontra nesse cenário, o lugar onde acontecem as circulações de reconhecimento e a coesão de configurações, não implicando que o grafite seja em si coerente, dentro de um circuito. Há interseções com outras visões e produções, apresentando-se ao mesmo tempo unificado e disperso, algo como uma mancha turva ou fumaça. Aponta o tempo livre como necessário ao grafite.

Boleta

Acha que a prática do grafite não é exclusivamente da juventude, embora o artista tenha mencionado ser uma "coisa jovem", pois a capacidade de criação e imaginação não diminui com o avanço da idade. Contudo, o momento do capitalismo e o contexto de protesto social (movimento *hip-hop*) propiciaram a associação entre grafite e juventude, apresentando-o como meio de identificação no grupo, algo que pode ser reproduzido e consumido; entretanto, em sua prática e inspiração, acredita que o grafite não obedece a preferências do mercado.

Sinhá

A resposta breve logo elucida a pergunta: dentro do meio do grafite não há esse preconceito. Infere que fora do meio existe essa ideia preconcebida, que é redutiva. O grafite, algo tão livre, não haveria de escolher idade. A imaginação afeta todos sempre.

Escolha do local para fazer grafite

Rui Amaral

Ao enfatizar um retrato da criatividade do artista em funcionamento e em relação íntima com a cidade, torna-se explícito seu interesse em agregar valor a um suporte degradado sem se restringir a esse objetivo. Os lugares se articulam com as ideias, ambos cedem e ambos ganham.

Boleta

A preferência do artista por lugares visíveis a pedestres demonstra que o grafite da cidade é generoso, de maneira a não se esconder em espaços privilegiados cultural, social, financeiramen-te. Estando também nesses lugares, o grafite se estende às avenidas e às ruas menores, ao centro, aos espaços degradados, onde ainda moram muitos citadinos. O grafite da cidade é público. Entende que se deve discernir moralmente a invasão do espaço alheio do diálogo com o espaço alheio, quando o grafitar é doar algo de po-sitivo, prazeroso, a um público desconhecido, em um espaço que escapa do domínio do indivíduo artista.

Sinhá

Afirma o interesse do artista em usar o grafite como meio de revitalização do espaço urbano. Ainda que nos lugares em que se pinta não seja derrubada nem levantada nenhuma parede, acha que a arquitetura do lugar muda; a experiência daquele espaço ganha qualidade, no mínimo, não residual. Em outras palavras, a qualidade do trabalho da artista busca interferir no potencial inte-rativo do espaço degradado. Chama a atenção também o caráter de espontaneidade, não saber o que de fato está procurando ou o que vai encontrar. A busca se traduz na *promenade* pelo bairro, uma divagação com o olhar voltado para a paisagem.

A fala ouvida

Com base nas respostas dos artistas, uma escuta subjetiva os unifica e traça uma mensagem para apreender algumas facetas dessa arte mercurial em sua essência. O grafite se mantém incólu-me em relação às capturas conceituais; continua na via pública, nas mãos de artistas de rua que buscam comunicar algo a ser compre-endido. Talvez possamos ficar com a ideia de que o grafite sempre transcende a forma conceitual que o recebe em dado momento histórico, como se sua essência flutuasse acima de algumas intenções particulares de protesto, de ganho financeiro, de identificação jovem, entre outras.

O grafite se origina da absorção estética do meio urbano e, para este, retorna depois de depuradas suas qualidades, não somente as agradáveis. A qualidade é algo apreensível para a psique, ou seja, a estética no seu sentido original, *aisthesis*, que em grego significa "apreender sensivelmente as coisas externas". O grafite é da cidade, e seus protagonistas experimentam o contato que a totalidade urbana traz em sua correnteza. A cidade é, portanto, um único suporte para todos os que se interessam em deixar nela sua marca. Essas marcas são de temporalidades distintas que adquirem sentido coletivo. Parece sustentar a afirmação de que a cidade é a materialização da totalidade psíquica que a permeia e a penetra, que se manifesta em sua geografia, política e cultura. A rua é o espaço dessa afirmação, um espaço apropriado para receber a diversidade subjetiva, seus símbolos coletivos e individuais, suas expressões nos formatos mais diversos.

Dessa maneira, o grafite surge com uma possível função integradora que compensa a fragmentação urbana, estabilizando disparidades via imaginário. Nos discursos surgem oposições que se afirmam enquanto tais: transgressão/aceitação; sufocação/liberdade; conceito/imaginação; individualidade/coletividade; valor de mercado/espontaneidade; criatividade/ideologia; alegria/tristeza; beleza/degradação; controle/descontrole. São oposições decorrentes da tensão inevitável à existência, passível de ocasionar aprisionamento, sofrimento e doença e de potencializar estímulos para a integração.

O espaço e o tempo se redimensionam; o primeiro confinado e cortante, o segundo, acelerado e opressor. Ambos adquirem qualidades de amplitude imaginativa, asas que libertam, tempo que se estende e amplia. Haveria, assim, uma invasão da regra, da discriminação teórica, da ordem e da organização no território livre, público e coletivo. O suporte da cidade, subtraídos seus espaços restritos (particulares, internos, de frequentação discriminada), é retratado como espaço de livre experimentação, acolhendo a manifestação da imaginação, deixando-a grafar, marcar o que testemunha.

O grafite representa a apropriação da rua pelos entes que ela acolhe. São suas marcas, seus protagonistas, suas imagens, passíveis de regularização, segundo critérios que ultrapassam a necessidade de expressão individual e grupal do meio artístico. A individualidade encontra meio de expressão no grafite ao combater o anonimato opressor da cidade. No meio onde se encontram os "gritos", no suporte material da janela para um mundo subjetivado, os gritantes se respeitam e se dão o mesmo direito de apropriação de um espaço antes qualitativamente inexistente.

Assim como o *hip-hop* nasceu como um conjunto de expressões artísticas com intuito de protesto social, talvez hoje o grafite seja uma vertente artística que reivindica o espaço público visando ao "protesto psíquico" advindo de pessoas que se sensibilizam com a temática urbana e que, na cidade, encontram o meio para depositar suas impressões imagéticas da vida. A transgressão também aparece, pois o grafite implica transgressão, mas sua face agressiva, mais nítida no contexto de protesto social, parece ter se destilado para uma expressão mais livre, não apenas de cunho social como também de impressões subjetivas, oníricas e menos aglutinadas em propósitos políticos ou ideológicos.

Do exposto e compreendido, subjaz, principalmente, a relação entre grafite e liberdade: tempo livre na rua. Dois valores que, agregados, costumam ter conotação de eufemismo de marginalidade, agora indicam uma finalidade intrínseca ao grafite, a saber, a de despertar cidadãos nos citadinos, convidá-los a se relacionar com o que a cidade traz como substrato, como retrato, como imaginação.

Figura 3 – Rui Amaral grafitando, São Paulo, 2012.

6. As metáforas da cidade

Após tratar do habitar a cidade, das mudanças e das condições que afetam seus habitantes e da inserção do grafite como expressão artística, política e social da cultura contemporânea, resta olhar para o grafite como produção, buscando vislumbrar nas imagens pintadas o imaginário da cidade, sua expressão psíquica. Revelam-se símbolos, ações, fantasias, encontros e desencontros, solidões e compartilhamentos, aspirações e angústias. Surgem personagens que nos atraem ou repelem, que dificilmente nos deixam indiferentes. Aparecem cenas imbricadas na natureza, na agitação de um ritmo metropolitano, na parada momentânea ou em estagnação.

É uma dramaturgia que se insinua, que vai traçando narrativas em fios de meadas que, longe de serem lineares, circunvolvem percursos que se entrelaçam, se sobrepõem, correm paralelos, se confundem, se escondem, aparecem, convidam, surpreendem. Basta parar e olhar para ser envolvido. "Envolver" denota tanto ser rodeado, abraçado, como ser afetado. Somos afetados pelo abraço dessas imagens; por instantes, as frias paredes se preenchem de emoções distintas, cada uma delas despertada e evocada individualmente e, ao mesmo tempo, compartilhada. São vozes em uníssono que murmuram ou gritam, proclamam o que todos queremos dizer; sentimentos comuns são realçados. Surgem desejos e medos, sonhos e pesadelos. Quiçá, um horizonte comum de realização, de viver comunitário, seja esboçado, fazendo surgir um antídoto contra a desesperança, um apoio para o abandono e o descaso.

A proposta de leitura e os temas apresentados neste capítulo são tão mutáveis quanto as imagens pintadas. Não se procurou identificar a intenção dos autores nem garantir um consenso. Trata-se de uma resposta subjetiva, uma permissão para devanear, para penetrar em suas metáforas; é uma maneira de oferecer um elo ao psiquismo que, habitando o espaço comum, nos habita também. A leitura a seguir é feita como narrativa, convidando o leitor a devanear para acompanhar as metáforas apresentadas.

As pessoas que circulam

A maioria dos homens é transeunte na cidade grande; eles se movimentam de lá para cá, sem objetivo aparente. Ficam vagando, complacentes e desocupados ou em agitação, como se estivessem correndo por não ter onde parar ou para que fazê-lo; a questão evocada diz respeito a essa insensata aceleração, sem propósito claro, ainda que intensa a ponto de absorver totalmente. A predominância de grandes cabeças ou cabeças sem corpo revela a dissociação entre a ação e seu significado. O tema do tempo e de seu uso se evidencia. Trata-se de um tempo que se esvai em inutilidades ou se precipita caoticamente.

Transparece em alguns corpos uma desvitalização e um vazio, como se a vitalidade lhes fosse exaurida. Em outros, há braços finos e corpos escondidos para não revelar fragilidade. Há sinais de hedonismo e de superficialidade, sem contato profundo aparente e, por vezes, surge um poder mágico com tom ameaçador. A maioria revela tristeza, espanto, agressividade ou raiva. O lema parece ser "cada um por si".

Uma compensação da fragilidade é mostrada por meio de brigas e de figuras guerreiras ou lutadoras, assim como figuras abrutalhadas de homens posando força. Algumas são convincentes e se aproximam de modelos heroicos; a maioria faz pose, está inflada para intimidar. Inesperadamente, revelando o humor dessa arte de rua, aparece o gracejo diante da belicosidade com lutas engraçadas e ridículas.

Chama a atenção o destaque de bocas marcantes com dentes expostos, uma oralidade agressiva pautada pelo grito, pela raiva e pela voracidade. Está ausente a fala de alteridade e de reconhecimento do outro: multiplicam-se expressões trancadas. Muitos calam e não dialogam, mas, quando se expressam, gritam ou mordem. Essas representações sugerem dissociação e profunda regressão, mecanismos de defesa primitivos que podem decorrer de traumas.

Figura 4 – Grafite de Finok, São Paulo, 2009.

Esse mundo masculino não é, entretanto, desprovido de meditação, de poesia e de musicalidade nem de uma alegre boemia em bar. São elementos subjetivos da pausa, uma pausa que desacelera e que inclui uma oferta a alguém ou é voltada para si.

Figura 5 – Grafite de Pato, São Paulo, 2009.

As mulheres, quando encaram, o fazem de modo frio, sofrido; por vezes, menos evidente, com raiva. Parecem um tanto indiferentes, seja por estarem aprisionadas em sofrimento sem esperança, seja devido a devaneios solitários, prazerosos ou escapistas. Transmitem em sua maioria um apelo, de fato, mudo, já que quase não falam. Olham para o espectador de modo suplicante, duro, lançando um enigma para o qual pouco se dispõem a ajudar em sua revelação.

Aquelas figuras em movimento parecem fechadas em suas ações, não aparentam interesse em compartilhar. Desejam, no entanto, ser olhadas: para acusar ou seduzir. Em poucas, transparece uma alegria aparentemente fugaz, uma ação lúdica em fantasias, sexualidade ou atividades de trabalho. Muitas parecem desiludidas. Mostram-se mais voltadas para si mesmas, quiçá uma negação do que ocorre lá fora, onde a cidade se movimenta e transita.

Muitas pairam na sensualidade que se tinge de ilusão, de efemeridade e de intangível, ou quase surgem distraídas sem se entregar, apesar do erotismo envolvente. Sexualidade existe em alguma figura de fácil consumo, também efêmera e infantilizada, apesar de se oferecer abertamente. Há ainda a sexualidade misteriosa e vingativa, fantasia sadomasoquista ou de erotismo felino, sensual. Oferecem, talvez, um convite para adentrá-las. Aquelas que aguardam a redenção do destino são amargas e sofridas; existem também as ensimesmadas. Cenas de fracasso são devastadoras: transparece agonia e dor, impossibilidade de salvação e até mesmo a morte próxima a crianças.

Assim como nas pausas do mundo masculino, transparece no mundo das mulheres outro tipo de pausa, por meio de leveza e profundidade noturna: são bailarinas coloridas e mulheres dadivosas com cântaros à noite, transita ainda alguma grávida em paz.

Figura 6 – Grafite de Sinhá, São Paulo, 2008.

As relações sociais e a intimidade

As relações de partilha são escassas, e o estereótipo de papéis sociais aparece com frequência, por exemplo, em um homem que agita à sua frente uma máscara e desnuda por trás dela um rosto escuro e vazio. Há representações de máscaras e de chapéus que reforçam as aparências e o ato de se esconder. Outro elemento de utilitarismo urbano aparece em figuras robóticas, parecendo humanoides mecanizados. O trato se dá pela funcionalidade; não se evidencia o companheirismo, a alegria e o interesse em compartilhar. Grupos mostram-se aglutinados e apáticos, e somente em alguma atividade tribal, como a pesca, surge a cooperação.

No entanto, "curtir o momento" se faz presente, em encontros de prazeres isolados e momentâneos, hedonistas. As situações aprazíveis ocorrem na solidão do músico e do poeta. Deparamo--nos com acordes da singularidade permeada por uma estética introvertida e um tempo extrovertido que escoa sem atingir parcerias. As formas disponíveis para transbordar a sensibilidade parecem desprovidas de substância, fúteis.

O grafiteiro faz uso de um humor descontraído e livre para mostrar sua falta, suplantado pelo escárnio e pelo deboche. Sorrisos se distorcem em malícia ou ameaça, culminando em palhaços sinistros e maléficos. Pode ser entendido como uma *Commedia dell'arte* que explode trunfos inglórios e frustrações, a sombra oculta do descrédito que espelha o bufão que ri de si mesmo, como que sabendo que não vai a lugar nenhum, entendendo que não chega porque não sabe de onde partiu.

O amor parece ilusório e a relação dos homens com as mulheres é ambígua; aqueles homens truculentos parecem amedrontados diante da mulher, apesar de às vezes oprimi-la. Homens frágeis ou feridos se deparam com mulheres severas como esfinges maternas ou figuras maternais que cuidam e aprisionam. Pode haver uma constatação de papéis tradicionais que se invertem, deixando o homem másculo fragilizado perante o poder da figura feminina, materna. Para o homem, a regressão é fixada em sentimentos de dependência. A mulher oscila entre a opressão e o domínio também regressivo, sem usufruir de suas conquistas. A denúncia se torna um alerta dos perigos de regressões tão primitivas, um convite à imaginação para que trace consequências. Abuso, feminicídio, morte e execução para manter a aparência de potência fazem parte desse quadro. O amor, simbolizado pelo coração, é um clichê. Para o homem, transparece a ilusão de posse com uma parceira fugidia e anônima em uma imagem em que ele abraça uma silhueta.

A mulher, por sua vez, parece entender de sedução mantendo sua intimidade fechada.

Figura 7 – Grafite de Sinhá, São Paulo, 2009.

Mais uma denúncia de precariedade nos laços de suporte se dá em relação às famílias. Estas são pouco retratadas por inteiro e, quando exposto o triângulo familiar, transparece infelicidade e desamparo; a criança está isolada e assustada no meio de figuras paterna e materna desoladas. O poder do pai parece ter ruído. Simbolizando tal perda de poder, há as figuras dos reis: ridicularizadas, apequenadas, maldosas na expressão – apesar de perderam o poder continuam maquinando. O patriarcado que fundamentou a sociedade ocidental estaria nos estertores de seu vigor? Com argúcia, o grafiteiro nos mostra que na atualidade há uma paródia de poder, sem ser menos nocivo ou letal. Basta acompanhar o mundo da política e seus representantes para constatar tal fato.

Outros vínculos familiares são escassos e, quando aparecem, pouco sustentadores; há mais mulheres com crianças do que homens, indicando uma realidade da composição familiar sem a figura do pai. A dramaticidade do colapso da figura materna é retratada em metáforas de liquefação, calcinação e eventual suicídio ou assassinato junto aos filhos. Infelizmente, a tragédia escapa da imaginação e a cidade testemunha desesperos. Eventualmente, mostra-se um gesto maternal de carinho e nutrição.

As crianças solitárias

Simbolizando a criança real em nossa sociedade, ou a criança interior traumatizada, imagens de crianças transmitem sentimento de solidão, abandono e exposição. As crianças que olham para o espectador muitas vezes sorriem de olhos fechados ou se mostram tristes. A maior parte está encolhida ou agachada, por vezes apoiada ou montada em algo ou alguém, como que em busca de um alicerce que não encontram na família.

A brincadeira ativa não aparece e há pouca agressividade aberta. Se há brincadeira, é menos ativa que fantasiosa; uma atitude de introversão é mais marcante: falta correr, pular, fazer movimentos expansivos que se espera de crianças. Aquelas que se mostram felizes, na maioria, estão sozinhas com sorrisos acanhados. Algumas parecem objetivadas como em retratos ou totalmente soltas, sem reconhecimento de sua identidade ou necessidades, ou seja, também se transformam em bem de consumo, ainda que muito valioso, como na imagem de uma menininha flutuando com um cordão no vazio e desenho de brilhante no peito. Um símbolo atual configura-se em um menino desenhado com um fio elétrico com plugue saindo de sua roupa. Cada vez mais a tecnologia substitui o afeto, deixando as crianças expostas a uma excitabilidade artificial e carente de energia natural.

Oposições de retratos quase fotográficos retratam a realidade de nossa metrópole e a diferença de classes que vai se transformar em ameaça: as crianças de rua e as crianças de condomínios, por assim dizer. A desigualdade, concreta e latente, encerra desígnios sombrios. Simbolizando crianças míticas, de contos de fadas e de sonhos, há pequenos heróis ou figuras da natureza. São personagens que se contrapõem à dor, à insegurança, à falta de continência, à exposição.

É talvez nas crianças que o grafiteiro modula uma mensagem de futuro que torna urgente nossa compreensão, nosso sentimento de ternura, buscando o refúgio da interioridade intocada delas. A fim de resgatar e acolher as crianças perdidas, de oferecer a elas o que necessitam, é preciso primeiro olhá-las com o olhar desprendido da acomodação.

A cidade e seu cotidiano

Uma cena pintada por vários artistas compõe uma metáfora da cidade. Os personagens são: (a) o grafiteiro com cabeça coberta para se camuflar, representando a ilegalidade do ato – do jato de *spray* surgem letras e um rosto com o cérebro exposto; (b) um homem forte que corre angustiado enquanto uma figura vermelha demoníaca morde seu braço; (c) duas meninas que brincam inocentemente com pedras, no plano frontal.

A leitura, a fantasia que essa cena desperta, traz angústia; o cérebro sem proteção, hiperestimulado, perde a capacidade de pensar e, sem reflexão, a aceleração é uma tentativa de fuga que, no entanto, não elimina os demônios nem consegue se proteger deles porque corre sem os notar. Consciente ou inconscientemente, os demônios de destruição atacam. Surgem questões: quais são os demônios que nos habitam? Quais são os demônios que habitam a pós-modernidade? Quais são os monstros psíquicos cultivados pelo caos? A inocência infantil, distraída, não percebe o perigo iminente. De um lado, polariza-se a destruição demoníaca, cega; de outro, há uma ingenuidade alheia ao perigo que parece assustadoramente irreal.

Essa pungente condensação de sentimentos precipita-se na violência, desde a mais banal até a mais terrível. O medo permeia prédios ameaçadores com rostos brutais mascarados pairando sobre eles; vociferação e desespero com sinais de choque e sobressalto, riscos que irrompem inesperadamente assassinato ou suicídio.

As vivências traumatizantes alternam-se com momentos aprazíveis do cotidiano, a noite com seus influxos matriarcais das figuras africanas em atividade nutriente e regeneradora, a dinamização com toque de humor na metrópole. Somos estranhos nessa cidade, mas divertidos, rápidos e versáteis. Tanta inventividade é possível, tantos recursos estão disponíveis. Paira a indagação: qual será o desfecho?

Figura 8 – Grafite de Rui Amaral, São Paulo, 2016.

A cidade e seus mitos fundadores

As origens são retomadas com a projeção de desfechos. E nesse momento do percurso do imaginário as circunvoluções desenham fantasias via intuição. Na intuição reúnem-se formas, cores, movimentos em uníssono com o devanear pela cidade, e composições peculiares conotam-se de um sentido que, apesar de subjetivo, agrega o coletivo. Na psicanálise, considera-se que a fantasia da cena primal, a relação sexual entre os pais, constitui uma fantasia de origem que modula o senso de si, de pertencimento. A psicologia analítica amplia essa noção; a relação não é ato concreto, independe de testemunho, pois sua constituição é, basicamente, imaginária; trata-se de uma simbolização dos primórdios e de nossa origem. Assim, o indivíduo se pergunta se sua concepção foi desejada ou desprezada e tece a fantasia de entrada no mundo que vai formatar o sentimento de estar neste mundo.

Algumas composições do grafite evocam, em uma dimensão profunda, inconsciente, a fantasia de origem da cidade, seu mito fundador, a concepção que, mais que um desenho urbanista, traz o clima psíquico da cidade. A leitura a seguir apresenta-se em forma de narrativa de três mitos agregadores possíveis, três relatos que subjazem a essa gigantesca metrópole em seu ato original de criação evocado das imagens.

A criação monstruosa

Um homem com contornos liquefeitos copula com uma gigantesca mulher-ogro; ela vai parir, e de suas pernas nasce um misto de porco e rinoceronte monstruoso. O animal feroz e primitivo se dirige a algo que parece uma enorme esfinge com rosto humano masculino; tal qual montanha petrificada, sua expressão é dura e de suas orelhas sai fumaça. Aqui, há de haver uma pausa, para que cada um se deixe tocar pelo relato. Qual é a metáfora? A brutalidade selvagem é parida por um pai amorfo que perdeu sua identidade e por uma mãe primitiva e tosca. A materialidade é usada do modo mais rudimentar e, desse encontro, só pode resultar uma força bruta, uma energia cega que arremete sem discriminar.

O homem amorfo sem identidade seria outra variante daquele endurecido e prestes a explodir como um vulcão. Encontra-se esse homem no dia a dia nos mais variados âmbitos, na empresa, na rua, no lar, nos centros de saúde. O enrijecimento, a brutalidade, o egoísmo, a ausência de empatia e de generosidade assinalam um primitivismo cego e surdo, desprovido de reflexão. Seria o retrato simbólico do aspecto predatório de uma sociedade voltada para o poder e a produção, carente de valores humanos de convívio que, em sua origem, por mais sofisticada e tecnológica que aparente, abriga o primitivismo.

Figura 9 – Grafite de Whip, São Paulo, 2009.

A criação hedonista

Um ser mítico fálico, divindade masculina fecundadora, brinca sedutoramente com duas mulheres nas ondas do mar; no plano posterior, uma criança sozinha corre o risco de se afogar, mas é despercebida pelas mulheres que se divertem. A sexualidade e a sensualidade fazem parte da criação, assim como o prazer.

O que ocorre quando uma cultura incorpora a felicidade como um bem a ser adquirido? O prazer se torna imediato, o desejo de satisfação é dominante e a frustração, intolerável. O tempo se esvai em um eterno presente consumado a cada sensação de agrado, que rapidamente dá lugar à seguinte, em ciclo repetitivo.

A divindade masculina gera continuamente, e suas sementes não escolhem parcerias; quem as recebe permanece em estado de excitação e satisfação, não aprofunda, não precisa cuidar de si, da relação, de uma criança. Seria o imediatismo moderno, em que não é necessário planejamento nem compromisso. O presente usufruído e consumido a cada momento não permite atinar para o futuro, representado pelo desenvolvimento da criança, que seria a promessa, a renovação que deve ser atendida e é negligenciada.

Figura 10 – Grafite de Pato e Tinho, São Paulo, 2009.

A criação alada

Nesse mito ocorre uma concepção de duas divindades com asas: a masculina é representada por águia e peixes, a feminina é uma mulher com asas em um botão de flor, grávida. Essa fertilização dotada de elemento aéreo espiritualiza a fecundação, simbolizando um mito de humanização contraposto ao primitivismo anterior e ao prazer imediatista. A criança carrega uma promessa como um bater de asas que possibilita voos, visão do alto e amplo alcance, sendo capaz de mirar o futuro e recordar as origens. A divindade personaliza-se particularmente na mulher, simbolizando um matriarcal dadivoso, atento ao cuidado, ao passo que a divindade masculina unifica a criação das águas (emoções inconscientes) e dos céus (espírito). A cidade, aqui, é impregnada de significados promissores.

Figura 11 – Grafite de Jana Joana e Vitché, São Paulo, 2009.

De modo mais abstrato, reforçando a metáfora de um projeto de futuro regenerador, um dos grafites é intrigante e instigante em suas imagens de fecundação: mostra a abertura de uma fechadura, como um convite à penetração de um espírito pujante e fertilizador em plena potência fálica, que empreende a *conjunção* com o feminino continente, que se oferece, mostrando trompas animadas com asas, flores e pássaros, poesia e sexualidade, o corpo e a alma, a psique vitalizada e fecundada, a promessa de uma geração vindoura mais livre e menos traumatizada. Trata-se de um desejo ou um vislumbre, o artista aponta, não dá respostas.

Figura 12 – Grafite de Boleta, São Paulo, 2009.

Natureza e espírito

Em meio ao sofrimento e à tensão psíquica, com sinais de depressão, dissociação, transtornos psicossomáticos, vislumbram-se espaços de restauração, de equilíbrio e de saúde. Estes viriam da natureza, da espiritualidade afrodescendente e oriental e da própria arte. A natureza é preservada. Há pássaros e borboletas soltos e coloridos em paisagens iluminadas; as águas, os rios e o céu são límpidos, e a vegetação e as folhagens têm viço, ainda que faltem árvores de porte maior. Os símbolos podem indicar que o estado da natureza interior permanece saudável, menos frondosa do que se poderia desejar, mas com possibilidade de crescimento e regeneração, ou seja, denota uma boa resiliência.

Figura 13 – Grafite de Boleta, São Paulo, 2009.

Observam-se animais sem deformação e macacos que podem se tornar agressivos e maldosos. Na água há muitos peixes, algumas baleias e tartarugas. Novamente, o inconsciente mais profundo e instintivo tem vigor, ainda que possa dimensionar efeitos nocivos e irresponsáveis. Existem animais míticos, e o peixe com a boca costurada que carrega a casa, nosso mundo, evoca um curador ferido que propõe a regeneração e a superação de traumas, apesar do sofrimento, talvez ainda não se fazendo ouvir porque calou-se sua mensagem.

Figura 14 – Grafite de Binho Ribeiro, São Paulo, 2009.

Como um chamado ao encontro de um lugar no mundo, sinérgico e sintonizado com a substância do ser, os "peixes fora da água" expressam metáfora do sentimento de deslocamento, de estranheza e de falta de pertença em centros urbanos que se tornaram caóticos para a vida comunitária, impedindo que se encontre um lar, um espaço habitável e favorecedor de convívio e sintonia.

Para a superação, o componente espiritual está presente, menos na religiosidade tradicional cristã – que, quando aparece, denota mais desespero – e mais nos símbolos religiosos iorubás, hinduístas e budistas. Adorar a tecnologia mostra-se como um engodo, pode-se meditar maquinalmente no meio a engrenagens que se tornaram deuses. "Engana-se quem quer ser enganado" é a mensagem do grafiteiro: a escolha é sua, venere a tecnologia e, em vez de simplesmente usá-la, seja por ela consumido.

A espiritualidade também está presente em personagens de cunho folclórico, em franca alegria e expansão provinda de alguma semente cósmica ou pairando no ar ao som de uma flauta ritual. De modo livre e espontâneo, como brisa de liberdade e de humor, esses espíritos mercuriais transmutam a eterna capacidade vital.

Figura 15 – Grafite de Pato, São Paulo, 2009.

Figura 16 – Grafite de Pato, São Paulo, 2009.

Assinatura da arte

A arte, o artista poeta, o grafiteiro e as oferendas espirituais completam as metáforas de restauração via imaginação, é o potencial de renovação. A expressividade da arte em geral, simbolizada por poetas (Pablo Neruda), música (instrumentos musicais) e músicos (Adoniran Barbosa), cineastas, artistas gráficos e grafiteiros, enriquece o coletivo por meio da animação da linguagem simbólica que nos habita e que habita nosso mundo.

O ato de grafitar é, certamente, como apontado por tantos, uma denúncia e um apelo. Mais, traça os percursos da imaginação, da renovada capacidade de propulsão do espírito criador que se expande e projeta, vai delineando representações da psique, voláteis, sedimentadas, duradouras em sua essência e transitórias em sua efemeridade. O tempo é a mensuração de um momento ou de uma eternidade.

O jato de *spray* é animado pela mão do artista e, assim, o volátil gás se associa à cor e se fixa em uma imagem, em uma representação, cuja autoria, assinada ou não, congrega todos os artistas em um: o grafiteiro. Ele mostra, para todos que querem ver, o que se passa em todos e desenha na cidade o que nela ocorre, espelhando como somos vistos e como nos vemos, apresentando quem somos no caos e na organização.

Figura 17 – Grafite de Whip, São Paulo, 2009.

A arte do grafiteiro expressa dores e alegrias. Mostra o trauma do crescimento desorganizado, do uso do espaço especulativo, da degradação, da alienação, da tristeza, da violência, do desamparo, da paranoia, da desconfiança, da falta de conforto e de apoio; a criança abandonada, os homens embrutecidos ou automatizados, as mulheres trágicas ou ensimesmadas; a maioria está fechada em si, mostrando a dilaceração, o escapismo, a dissociação e a fragmentação. Dores e gritos, raiva mordida ou escancarada, medo e angústia, depressão e apatia. Eis que também surge o gesto de atenção, de cuidado tímido; eis que surge a brincadeira e o humor, a fantasia via música, poesia, arte.

Tudo isso está sobreposto e entremeado – não há ensinamento moral. Há uma realidade presencial, uma realidade psicológica contada em metáforas. Lado a lado, convivem o mito alado e o mito monstruoso, o homem que medita fundido à máquina e a mão que faz a oferenda.

Existem também imagens que assinalam a capacidade de resiliência, a manutenção de valores com tradição humanista e a criação de atos que os confirmam. O homem com coração no peito, do alto de um prédio da Avenida Paulista, centro nevrálgico de São Paulo, mostra o amor à cidade. A mensagem compensatória de nosso inconsciente revela, assim, sua força: há saúde na natureza essencial do ser que precisa ser ativada no cotidiano; ela está na espera, latente e, até certo ponto, paciente.

Forças poderosas instintivas são ativadas nessa mesma natureza na via de destruição. O homem não cria tais forças, ele as dirige e canaliza. É possível perceber imagens que simbolizam o poder integrativo da psique, impulsionado para a restauração dos complexos cindidos e dolorosos. Provavelmente, uma das mensagens mais prementes indica que, assim como esse tipo de arte subverteu as galerias e se fez na rua, transgressora e pública, a atitude requerida de cada um de nós na atualidade também deve ser anti-institucional e exercida com a vitalidade de uma transgressão comunitária em prol de um futuro que faça jus ao espírito humanitário.

Figura 18 – Grafite de Rui Amaral, São Paulo, 2014.

Referências

AÇÃO educativa. Disponível em: <www.acaoeducativa.org>. Acesso em: 20 nov. 2018.

ALIZADE, A. M. La ciudad interior y los otros (diferencias e indiferencias). In: TANIS, B.; GUIMARÃES, M. (Org.). *A psicanálise nas tramas da cidade*. São Paulo: Casa do Psicólogo, 2009.

COLI, J. *O que é arte*. São Paulo: Brasiliense, 2006.

BEDOIAN, G.; MENEZES, K. (Org.). *Por trás dos muros*: horizontes sociais do graffiti. São Paulo: Peirópolis, 2008.

CONNOR, S. *Cultura pós-moderna*: introdução às teorias do contemporâneo. São Paulo: Edições Loyola, 2000.

EIZIRIK, C. L. A presença da cidade no analista. In: TANIS, B.; GUIMARÃES, M. (Org.). *A psicanálise nas tramas da cidade*. São Paulo: Casa do Psicólogo, 2009.

FEATHERSTONE, M. A. Estetização da vida cotidiana. In: FEATHERSTONE, M. A. *Cultura de consumo e pós-modernismo*. São Paulo: Studio Nobel, 1995. p. 97-118.

FONAGY, P. Thinking about thinking: some clinical and theoretical considerations in the treatment of a borderline patient. *International Journal of Psychoanalysis*, n. 72, p. 639-656, 1991.

FONAGY, P. Psychotherapy meets neuroscience: a more focused future for psychotherapy research. *Psychiatric Bulletin*, v. 28, n. 10, p. 357-359, out. 2004.

FREITAS, R. F. Simmel e a cidade moderna: uma contribuição aos estudos da comunicação e do consumo. *Comunicação, Mídia e Consumo*, São Paulo, v. 4, n. 10, p. 41-53, 2007.

GITAHY, C. *O que é grafite*. São Paulo: Brasiliense, 1999.

HILL, J. A home in the world. *Journal of Analytical Psychology*, Zurich, v. 41 n. 4, p. 575-598, 1996.

HILLMAN, J. *City & soul*. Nova York: Spring Publications, 2006.

JUNG, C. G. *Psychological types* [1921]. Princeton: Princeton University Press, 1974. (The Collected Works of C. G. Jung, v. 6).

JUNG, C. G. On the nature of the psyche. In: JUNG, C. G. *The structure and dynamics of the psyche*. Princeton: Princeton University Press, 1978a. p. 343-442. (The Collected Works of C. G. Jung, v. 8).

JUNG, C. G. Synchronicity: an acausal connecting principle. In: JUNG, C. G. *The structure and dynamics of the psyche*. Princeton: Princeton University Press, 1978b. p. 816-997. (The Collected Works of C. G. Jung, v. 8).

JUNG, C. G. Relação da psicologia analítica com a obra de arte poética. In: JUNG, C. G. *O espírito na arte e na ciência*. Petrópolis: Vozes, 2007a. p. 97-132. v. 15.

JUNG, C. G. *Psicologia do inconsciente*. Petrópolis: Vozes, 2007b. v. 7, parte 1.

LARA, A. *Grafite:* arte urbana em movimento. Dissertação (Mestrado em Ciências da Comunicação) – Escola de Comunicação e Artes, Universidade de São Paulo, São Paulo, 1996.

LEDOUX, J. *Synaptic self:* how brains become who we are. New York: Penguin Books, 2002.

LEFEBVRE, H. *O direito à cidade.* São Paulo: Editora Moraes, 1991.

LIPOVETSKY, G. *A era do vazio.* Lisboa: Editora Relógio D'água, 1989.

LIPOVETSKY, G; SÉBAST, C. *Os tempos hipermodernos.* São Paulo: Barcarolla, 2004.

MAGNANI, J. G. C. Antropologia urbana e os desafios da metrópole. *Tempo Social,* v. 15, n. 1, abr. 2003. Disponível em: <http://www.scielo.br/scielo.php?script=sci_arttext&pid =S0103-20702003000100005>. Acesso em: 20 nov. 2018.

MANCO, T. *Grafite Brasil.* New York: Thames & Hudson, 2005.

NEUMANN, E. *Art and the creative unconscious.* Princeton: Princeton University Press, 1959.

PROJETO Quixote. Disponível em: <www.projetoquixote.org.br>. Acesso em: 21 nov. 2018.

SANTAELLA, L. *Arte e cultura:* equívocos do elitismo. São Paulo: Cortez, 1990.

SILVEIRA JR., N. E. *Superfícies alteradas:* uma cartografia dos grafites na cidade de São Paulo. Dissertação (Mestrado em Antropologia Social) – Universidade Estadual de Campinas, Campinas, 1991.

SIMMEL, G. The metropolis and mental life. In: BRIDGE, G.; WATSON, S. (Ed.) *The Blackwell city reader.* Oxford and Malden: Wiley-Blackwell, 2002.

SINGER, T.; KIMBLES, S. L. (Ed.). *The cultural complex*. New York: Brunner-Routledge, 2004.

TANIS, B. Cidade e subjetividade. In: TANIS, B.; GUIMARÃES, M. (Org.). *A psicanálise nas tramas da cidade*. São Paulo: Casa do Psicólogo, 2009.

VIGOTSKI, L. S. *Psicologia da arte*. São Paulo: Martins Fontes, 2001.

WAHBA, L. L. Arte e cultura. *Junguiana*, n. 26, p. 72-78, 2008.

WEISSTUB, E.; WEISSTUB, E. G. Collective trauma and cultural complexes. In: SINGER, T.; KIMBLES, S. (Ed.). *The cultural complex*. London: Brunner-Routledge, 2004. p. 160.

WILKINSON, M. *Coming into mind: the mind-brain relationship – a Jungian clinical perspective*. London: Routledge, 2006.

ZOJA, L. Carl Gustav Jung como fenômeno histórico-cultural. *Cadernos Junguianos*, n. 1, p. 18-31, 2005.

Sobre os autores

Liliana Liviano Wahba tem doutorado em psicologia pela Pontifícia Universidade Católica de São Paulo (PUC-SP), pós-doutorado pela Faculdade de Medicina da Universidade de São Paulo (FMUSP). É membro analista da Sociedade Brasileira de Psicologia Analítica, coordenadora do Programa de Estudos Pós-Graduados em Psicologia Clínica da PUC-SP e diretora de psicologia da Associação Ser em Cena – Teatro de Afásicos.

Ana Carolina Prada é psicóloga graduada pela PUC-SP. Atua como psicoterapeuta corporal.

Camila Parducci Arruda é psicóloga graduada pela PUC-SP e mestre em Psicologia Clínica pelo Núcleo de Estudos Junguianos, do Programa de Estudos Pós-Graduados (PEPG) em Psicologia Clínica da PUC-SP.

Vicente Lourenço de Góes, paulistano, é formado em Psicologia e atua como educador em projetos de formação para sustentabilidade na Fundação Getúlio Vargas (FGV) e em comunicação social na agência Énois. É membro do Centro de Educação Transdisciplinar (Cetrans).